"四味书屋"丛书编委会

丛书主编：秦　菁

丛书顾问：罗晓晖

出版顾问：王定宇

丛书绘图：张金堂　杨清珵

丛书摄影：周鹊虹

丛书编委：冯胜兰　史　瑞　方顺贵　孙晓宇

　　　　　张奕秋　龙剑霞　李　好　吕　静

国学典藏 精彩解读

万方名物

上册

冯胜兰 秦 菁 编著

四川大学出版社

特约编辑:李真黎
责任编辑:欧风偃
责任校对:黄蕴婷
封面设计:木之雨工作室
责任印制:王　炜

图书在版编目(CIP)数据

万方名物 / 冯胜兰,秦菁编著. 一成都:四川大
学出版社,2018.5
　ISBN 978－7－5690－1892－9

　Ⅰ.①万… 　Ⅱ.①冯… ②秦… 　Ⅲ.①中华文化－小
学－课外读物 　Ⅳ.①G624.203

中国版本图书馆 CIP 数据核字（2018）第 115196 号

书名　**万方名物**
Wanfang Mingwu

编　著	冯胜兰　秦　菁
出　版	四川大学出版社
地　址	成都市一环路南一段24号（610065）
发　行	四川大学出版社
书　号	ISBN 978－7－5690－1892－9
印　刷	成都市金雅迪彩色印刷有限公司
成品尺寸	184 mm×260 mm
印　张	11.5
字　数	166 千字
版　次	2018 年 7 月第 1 版
印　次	2018 年 7 月第 1 次印刷
定　价	39.80 元(上、下册)

◆读者邮购本书,请与本社发行科联系。
　电话:(028)85408408/(028)85401670/
　(028)85408023　邮政编码:610065
◆本社图书如有印装质量问题,请
　寄回出版社调换。
◆网址:http://www.scupress.net

序

我们应该成长为一个真正的中国人。这里的"中国人"不止是一个民族的概念，更多的是一个文化的概念。古往今来，我们周边很多民族不断接受中国文化，不断进行文化融合，最终成为文化意义上的中国人。中华优秀传统文化，是中国人的根和魂。我们要成为真正的当代中国人，就要虚心学习传统文化，并与时俱进，努力实现优秀传统价值的当代转换。

"四味书屋"择取优秀传统文化精髓，从"语言、思维、文化、审美"四个维度切入传统文化学习，意在培养中国精神和中国情趣，也与语文学科的核心素养不谋而合。阅读和学习这套丛书，不但能传承传统文化精神，也能极大地提升学生的语文素养。丛书的编排体系顺应了学生认识发展的规律，从"万方名物"到"百家金言"，这就是从"识字"到"通经"；从"千秋诗歌"到"一贯文章"，这就是从内在的诗教熏陶到外显的丰富表达。本丛书内容不多，精要精致，可谓体不大而虑甚周。

我读过许多国学读本，但鲜有像这套丛书这样精当而切实的。在此对本丛书的作者们表示敬意，也希望这套丛书能够被读者普遍接受，为"立德树人"的中国教育发挥出应有的价值。

成都市教科院国学研究室主任
成都文理学院特聘教授

前言

　　一个人在幼年所积累的文化根基，将成为他终生倚靠的文化能力。传统文化，是在濡染和引导中浸入孩子的心灵的。

　　由充实的传统文化内容、开阔的视野、发展的眼光、积极的思维习惯、优秀的民族精神构成的人文品质，在现代社会显现出柔韧而深厚的文化能力，是新一代人才最具竞争力的能力，也是中华民族立足于世界民族之林的基石。

　　"语言、思维、传承、审美"，领会并运用语言，发展并优化思维，理解并传承文化，鉴赏并创造美，是文化培养的四种核心素养，此为传统文化之"四味"也。

　　面对浩瀚的传统文化，机械的复古不能应对现代社会的现实问题，缺乏历史基础的盲目创新不能解决由历史叠加起来的实际问题。因而，将传统文化与现代学习方式和人才选拔制度有机结合就显得至关重要。

　　以传统文化为基础，适应现代社会的人才选拔要求，对传统文化去粗存精，进行与时俱进的选择，开放性、发展性的学习和思考，就是"四味书屋"国学丛书的基本特征。

● 丛书内容

1. 万方名物

　　介绍自然和社会中的物象以及与物象对应及相关的名称、词语、故事、诗句，实现孩子对物象的认知及与物象相关的语言词汇的积累。

2. 九州故事

介绍人物、故事、历史常识和文化常识，实现孩子对人物、故事、历史常识及文化常识的积累，对中国传统人文精神的了解和领会。

3. 千秋诗歌

介绍与人物、花鸟、环境、天象、季节、生活等相关的诗歌，实现孩子对景象、诗句、情感的积累，对中国传统美的感受和欣赏。

4. 百家金言（待出版）

把中国传统思想和思维方式灌注于明白晓畅的故事中，让孩子在故事中领会切实丰厚的民族智慧。通过故事和思想的关联性思考，建立起由事及理的思维习惯，让学生形成对现象的分析思考能力，准确领会和清晰表达观点、思想。

5. 一贯文章（待出版）

形成语言、文学能力和文化精神的知识板块，整合信息、语言、技巧和思维四大阅读写作基本要素，从物象、语言、历史、民俗、文化等各个维度规划语文学习的方向和方法。形成阅读写作综合能力，对整个语文学习生涯以及终生阅读方向进行整体规划和引导。

"万方名物"教学生认识事物，旨在物象的积累；"九州故事"乃历史的指引，旨在人事的认识；"千秋诗歌"是中国语言文化的浓缩表现，旨在审美趣味培养；"百家金言"则着力于思维习惯的培养和思想观点的清晰表达；"一贯文章"则是对中国文化丰富性、多样性的一个整体认识。丛书分五部分做到对国学内容的基本覆盖，实现刈传统文化的系统性学习和人文精神的培养。

● 丛书特征

1. 结合现今的语文教学体系，着眼于文字和语言本身，以认知事物、辨识文字、聆听故事、了解人物、欣赏美文、感知历史、体会民风的方式，打下最真实的传统文化基础，构筑语言文化的再生能力，也即语言能力。

2. 从阅读写作能力培养的角度来选择篇目和编写内容，作用于阅读写作的能力培养，是与阅读写作和谐统一的国学书籍。

3. 与小学语文学习的阶段相匹配，同步进行字、词、句、篇的引导学习。配合小学生各个年级学习进度，既是学生循序渐进的传统文化学习教程，也可以作为学校的国学课教程。

4. 从文化核心素养的全局着眼，不是断层的阶段性知识灌输，而是整个文化学习生涯的知识范围引导，人文基础、文化背景的构建，思维习惯、表达习惯的训练。

● 总　结

厚积薄发是我们这个内敛的民族秉承的气度。"四味书屋"编写团队成员包含大学、高中、初中、小学各个阶段的老师，都是兢兢业业从事教学或教学研究的教师，我们一起追本溯源，关注教育行走最初的对象——孩子，脚踏实地地教学和研究。

"四味书屋"编写团队深信：对这套书每一页的学习，都是向蒙昧生命投射的一丝光亮；对这整套教程的学习，则是开启智慧生命的门户，走向丰富高贵的人生的通道。

本套丛书得到了重庆市渝中区文化委的重视和支持，被列为渝中区文化产业专项资金项目。在此，四味书屋团队衷心感谢重庆市渝中区文化委！中华文化千百年来的承继和发展，正是因为从来都不缺乏以务实精神担当责任的引领者。

我们深信：我们的每一步努力，都将融入中华民族前进的洪流。

秦　菁

目录

CONTENTS

万方名物（上册）

第一章　山峦

经典溯源

【原文】

gāo píng yuē yuán　yǎo shēn yuē gǔ　shān jǐ yuē gāng　shān zú
高 平 曰 原，窈 深 曰 谷。山 脊 曰 冈，山 足
yuē lù　qiū yán qí gāo　ē yán qí qū　tǔ shān wéi fù　dà fù wéi
曰 麓。丘 言 其 高，阿 言 其 曲。土 山 为 阜，大 阜 为
líng　gū fēng qiào bì　jué qiáo píng luán　fán cǐ zhī lèi　jiē hào
陵。孤 峰 峭 壁，绝 峤 平 峦。凡 此 之 类，皆 号
míng shān
名 山 。

（《名物蒙求》）

dōng yuè tài shān　xī yuè huà shān　nán yuè héng shān　běi yuè
东 岳 泰 山，西 岳 华 山，南 岳 衡 山，北 岳
héng shān　zhōng yuè sōng shān　cǐ wéi tiān xià zhī wǔ yuè
恒 山 ，中 岳 嵩 山 ，此 为 天 下 之 五 岳 。

（《幼学琼林》）

【释读】

　　高而平的地方叫"原"（高原），幽而深的地方叫"谷"（深谷）。山隆起的高处叫"冈"（山冈），山脚下的地方叫"麓"（山麓）。"丘"是指高的地方（山丘），"阿"是指弯曲起伏的地方（山阿）。土堆起的山叫"阜"（堆阜），土堆起的大山叫"陵"（高陵），孤高的山叫"峰"（孤峰），高陡且无路可走的山叫"壁"（峭壁），又高又尖的山叫"峤"（峤岳），又小又尖的山叫"峦"（山峦）。

　　东岳泰山、西岳华山、南岳衡山、北岳恒山、中岳嵩山，这是天下著名的五岳。

识文解字

1. 山 shān："山，土有石而高。"——《说文》

   含义：山是地面上由土石构成的隆起部分。

2. 阜 fù："阜，大陆也。山无石者。"——《说文》

   含义：阜指土山，土地高大突出于地表。

3. 峦 luán："峦，山小而锐者。"——《说文》

   含义：峦是小而尖的山。

4. 岳 yuè："岳，东岱、南霍、西华、北恒、中泰室，王者之所巡狩所至。"——《说文》

   含义：岳指东岳泰山、南岳衡山、西岳华山、北岳恒山、中岳嵩山。这些山是帝王巡狩疆土所要到的地方，合称五岳。

 诗里风物

chuāng hán xī lǐng qiān qiū xuě　　mén bó dōng wú wàn lǐ chuán
1. 窗　含西岭千秋雪，门泊东吴万里船。

jué jù
——《绝句》（唐·杜甫）

héng kàn chéng lǐng cè chéng fēng　　yuǎn jìn gāo dī gè bù tóng
2. 横看成岭侧成峰，远近高低各不同。

tí xī lín bì
——《题西林壁》（宋·苏轼）

sǐ qù hé suǒ dào　　tuō tǐ tóng shān ē
3. 死去何所道，托体同山阿。

nǐ wǎn gē cí sān shǒu
——《拟挽歌辞三首》（晋·陶渊明）

成语故事

1. 高山仰止

高山仰止，出自《诗经·小雅·车辖》："高山仰止，景行行止。"

这里的"高山"比喻高尚的道德，"仰"是仰望的意思；景行，大路，比喻行为光明正大，第二个"行"是指作行动的准则。两个"止"都是句末语气词，不译。

这句话的意思是：品德崇高的人，就会有人像仰望高山一样敬仰他；光明正大的行为，就像大道一样坦荡，应该是人们行动的通途。

西汉史学家、文学家司马迁在其巨著《史记》的《孔子世家》中专门引用这句话赞美孔子："《诗》有之：'高山仰止，景行行止。'虽不能至，然心向往之。"以此表达对孔子的景仰之情，并谦逊地表示虽然自己不能达到孔子的高度，可是心里却一直向往着。

后来，"高山仰止"这个成语用来比喻对有气质、有修养或有崇高品德之人的崇敬、仰慕之情。因为它的出处与"景行行止"相连，所以也有"高山景行"的说法。

"高山仰止，景行行止"中，两个"止"的意思不能理解为"停止"。这一段诗歌的全文是"高山仰止，景行行止。四牡騑騑（fēi），六辔（pèi）如琴。觏（gòu）尔新婚，以慰我心"。韵脚分别是"行""琴""心"，正因为"行"也是韵脚，因此句中的两个"止"都只是句末的语气助词，没有实在的意义。

2. 虚怀若谷

虚怀若谷，出自春秋后期伟大的哲学家、思想家、道家学派创始人老子所著《道德经》第十五章《古之善为道者》："敦兮其若朴，旷兮其若谷。"敦，诚朴宽厚；朴，没有雕琢过的木材；旷，空旷、开阔。这句话的意思是：

纯朴得好像未经雕琢的木材，旷达得好像山间空谷。为何这样说？因为山谷的空间十分广大，不容易充满，所以"虚怀若谷"今天用来形容非常虚心，从不自满。

《道德经》是道家哲学思想的重要来源，是中国历史上首部完整的哲学著作。老子在这一章里对得"道"之士进行了一番描述："古之善为道者，微妙玄通，深不可识。夫惟不可识，故强为之容：豫兮若冬涉川，犹兮若畏四邻，俨兮其若客，涣兮若冰之将释，敦兮其若朴，旷兮其若谷，混兮其若浊。"大意是：古时候善于行道的人，微妙通达，深刻玄远，不是一般人可以理解的。可以勉强这样形容他：他小心谨慎啊，好像冬天踩着水过河；他警觉戒备啊，好像防备着邻国的进攻；他恭敬郑重啊，好像要去赴宴做客；他行动洒脱啊，好像冰块缓缓消融；他纯朴厚道啊，好像没有经过加工的木材；他旷远豁达啊，好像深幽的山谷；他浑厚宽容啊，好像不清的浊水。

简言之，得"道"之士的精神境界远远超出一般人所能理解的水平，他们具有谨慎、警惕、严肃、洒脱、融和、纯朴、旷达、浑厚等美好的人格，这也是老子理想中的人格。比如"虚怀若谷"就是极高的修养，有能包容一切的胸怀，不固执己见，这确实难能可贵。

我们要注意，"虚怀若谷"的"谷"，是山谷的"谷"，而不是稻谷的"谷"。稻谷，繁体字写作"稻穀"。"穀"是一个形声字，从"禾"，表示属于庄稼一类。

 延伸拓展

中华五岳和泰山封禅①

中华五岳，中国五大名山的总称，分别是东岳泰山、西岳华山、南岳衡山、北岳恒山、中岳嵩山。

---

① 封禅：古代帝王祭天地的大典。在泰山上筑土为坛，报天之功，称封；在泰山下的梁文山上辟场祭地，报地之德，称禅。

"东岳泰山之雄，西岳华山之险，中岳嵩山之峻，北岳恒山之幽，南岳衡山之秀"，闻名于全世界。

泰山曾是封建帝王仰天功之巍巍而封禅祭祀的地方，更是封建帝王受命于天、定鼎中原的象征。自秦始皇开始到清代，先后有13代帝王亲登泰山封禅或祭祀，另外有24代帝王遣官祭祀72次。因此被称为"五岳之首"。

融通运用

1. 背诵补充的诗句名言。

2. 描红：山、阜、峦、岳。

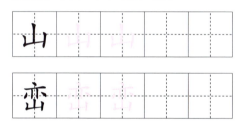

3. 收集你知道的"山"的名称（三个以上），写在这里。

_____ _____ _____

4. 快乐阅读。

凉爽（shuǎng）的秋天来到了，天高云淡，秋风习习。大地穿上了一件黄色的毛衣，枯黄的杨树叶和红艳的枫树叶飘落下来，好像是几只飞舞（wǔ）的彩色蝴蝶。松树爷爷还穿着绿色的长袍，显得更加苍（cāng）翠（cuì）。

公园里，菊花争芳斗艳，红的如火，粉的似霞（xiá），白的像雪，美不胜收。

秋天的景色多美啊！我喜欢秋天。

（1）用"____"画出表现菊花"争芳斗艳"的词句。

（2）文中描写色彩的词语有哪些？请写出四个。

_____ _____ _____ _____

第二章　水流

经典溯源

【原文】

tāo tāo zhě shuǐ　juān juān zhě quán　jī wéi tān lài　shēn wéi
滔滔者水，涓涓者泉。激为滩濑，深为

tán yuān
潭渊。

dù kǒu wéi jīn　shā qì wéi zhōu　kǎn jǐng bō tāo　jiē lì hū shuǐ
渡口为津，沙碛为洲。坎井波涛，皆隶乎水。

（《名物蒙求》）

【释读】

　　波涛汹涌的是江水，涓涓喷涌的是山泉。水流湍急的叫河滩和石濑，深不见底的叫水潭和深渊。

　　渡口叫作"津"，水中沙石形成的小块陆地叫作"洲"。地下的井、渠，波涛汹涌的大海，都属于水的范畴。

识文解字

 1. 水 shuǐ："水，准也。" ——《说文》
含义：水是最平的事物。

 2. 泉 quán："泉，水原也。" ——《说文》
含义：泉是水的源头。

 3. 津 jīn："津，水渡也。" ——《说文》
含义：津是指渡口。

 4. 洲 zhōu："水中可居曰州。" ——《说文》
含义：州是水中可以停驻的陆地，后来写作"洲"。

 诗里风物

guān guān jū jiū　zài hé zhī zhōu
1. 关 关 雎 鸠 ，在 河 之 洲 。

shī jīng　guó fēng　zhōu nán
——《诗 经 · 国 风 · 周 南 》

chéng què fǔ sān qín　fēng yān wàng wǔ jīn
2. 城 阙 辅 三 秦 ，风 烟 望 五 津 。

sòng dù shào fǔ zhī rèn shǔ zhōu
——《送 杜 少 府 之 任 蜀 州 》（唐·王勃）

míng yuè sōng jiān zhào　qīng quán shí shàng liú
3. 明 月 松 间 照 ，清 泉 石 上 流 。

shān jū qiū míng
——《山 居 秋 暝 》（唐·王维）

成语故事

1. 上善若水

"上善若水"出自老子《道德经》第八章："上善若水。水善利万物而不争。"上善：最完美。若：像。最高境界的善行，就像水的品性一样，泽被万物而不争名利。在这里，水是喻指与世无争的圣人。达到尽善尽美的境界，就和圣人差不多。这句话可以理解为：水有滋养万物的德行，它使万物得到它的利益，而不与万物发生矛盾、冲突，故天下最大的善性莫如水。

水，清澈透明，柔软而又刚毅。它的身上蕴含着众多的美德：避高趋下是一种谦逊，奔流到海是一种追求，刚柔相济是一种能力，海纳百川是一种大度，滴水穿石是一种毅力，洗涤污淖（nào）是一种奉献。逝者如斯夫，人生犹如奔流到海的江水。乐善好施不图报，淡泊明志谦如水。

孔子认为：水无私给予万物，谦逊灵活，滋润万物，不骄不矜，遇阻而折，懂得奉献，放低自己。水是执著的，也是自由的，水的哲学意义在于教给我们如何去对待生活中的人和事。比如面对挫折，曲折前进，是挫折后的大彻大悟。像勾践的卧薪尝胆，像韩信的胯下之辱，像曾国藩的忍术。"水往低处流"，似乎水没有任何高度了，其实，水无意于求得高度，却最终拥有了最高的高度，幻化成云，它超越了一切山峰的高度；凝固成雪，它抹去了一切山峰的高度。

孔子更多注意到水的灵动和谦逊，而老子更多注意到水的无为而无不为。水看似无为，只是顺应自然地流动，然而它却是无不为的，能够有利于万物，因此，它才能够被作为"上善"的比喻。"上善若水"是君子的处世之道，和"虚怀若谷"一样，也是极高的人格修养。

2. 高山流水

"高山流水"出自战国时期道家重要典籍《列子》中的《汤问》章:"伯牙鼓琴,志在登高山,钟子期曰:'善哉,峨峨分若泰山。'志在流水,曰:'善哉,洋洋分若江河。'"鼓,弹奏;志,心意、用意;峨峨,山势高峻的样子;洋洋,水势盛大的样子;若,好像。

这段话的意思是:琴师俞伯牙弹起意在表现高山的曲调,樵夫钟子期说道:"真好!雄伟而庄重,好像高耸入云的泰山一样!"当他弹奏起意在表现流水的曲调时,钟子期又说:"真好!宽广浩荡,好像看见滚滚的流水、浩瀚的江河一般!"

一个善鼓,一个善听,两人因此成了最好的朋友。据说,伯牙所思,钟子期都能准确地道出。因此伯牙认定子期是世界上最懂得他的人。所以,钟子期死后,伯牙觉得再也找不到知音了,于是把心爱的琴摔碎,终身不再弹琴。直至今天,人们都用"知音"一词来形容朋友之间的情谊。春秋时管仲、鲍叔牙的"管鲍之交",西汉文豪司马相如和卓文君的"琴瑟和鸣";唐代诗人刘禹锡和白居易的诗酒唱和,都堪称中国历史上互为"知音"的典范。

正因"知音"难觅,所以抗金名将岳飞在自己的词《小重山》中感慨:"欲将心事付瑶琴。知音少,弦断有谁听?"用以表达自己反对议和的主张无人采纳的悲愤和苦闷。

 延伸拓展

鲧(gǔn)禹治水

在尧舜时代,大地上突然发生了一场巨大的洪水,舜派鲧去治理洪水。鲧修起堤坝阻挡洪水,但是,堤坝修得越高洪水就涨得越高。天上有一种能够自己不断生长的土壤叫作息壤,鲧于是从天上偷来天帝的息壤用来堵塞洪水,却没有经过天帝的同意。天帝愤怒,收回了息壤,并让火神祝融在羽郊杀死了鲧。鲧死后尸体三年都不腐烂，肚子却逐渐隆起，有人拿刀剖开他的肚子，肚里立即出来一个孩子，这就是后来的禹。舜又让禹去治水，禹通过开山挖渠的方式疏导水流，最终治理好了水患。

 融通运用

1. 背诵补充的诗句名言。

2. 描红：水、泉、津、洲。

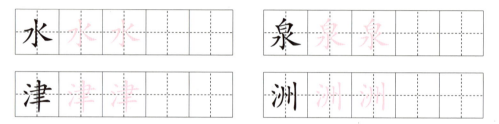

3. 收集你所在的城市与"水"有关的街道名称（包括含有"水"偏旁的），写在这里。（三个以上）

———————　———————　————————————

4. 快乐阅读。

　　葡萄种在山坡的梯田上。茂密的枝叶向四面展开，就像搭起一个个绿色的凉棚。到了秋季，葡萄一大串一大串地挂在绿叶底下，有红的、白的、紫的、暗红的、淡绿的，五光十色，美丽极了。要是这时候你到葡萄沟去，热情好客的维吾尔族老乡，准会摘下最甜的葡萄，让你吃个够。

（1）这段话共有（　　　）句。

（2）短文中画线的句子是把（　　　　　　）比作（　　　　　　　）。

（3）用"＿＿＿"画出写葡萄颜色的词。

（4）"要是这时候"指的是（　　　　　　　　　　　　）。

第三章　田园

经典溯源

【原文】

lín pǔ yuàn yòu　jiē wèi wéi yuán　qí chóu lǒng mǔ　jiē wèi
林 圃 苑 囿 ，皆 谓 为 园 。畦 畴 垄 亩 ，皆 谓

zhī tián
之 田 。

(《名物蒙求》)

【释读】

种植树木的土地叫"林圃"，畜养禽兽的园林叫"苑囿"，"林圃"和"苑囿"都叫"园"。肥沃的土地叫"畦畴"，贫瘠的土地叫"垄亩"，"畦畴"和"垄亩"都叫"田"。

识文解字

 1. 园 yuán："园，所以树果也。"——《说文》
含义：园是用来种植果树的地方。

 2. 圃 pǔ："种菜曰圃。"——《说文》
含义：圃是种菜的地方，菜园。

 3. 田 tián："田，树谷曰田。"——《说文》
含义：田是种庄稼的地方。

 4. 畦 qí："畦，田五十亩曰畦。"——《说文》
含义：五十亩田地叫作畦。

诗里风物

kāi xuān miàn cháng pǔ　　bǎ jiǔ huà sāng má
1. 开 轩 面 场 圃，把 酒 话 桑 麻。
guò gù rén zhuāng
——《过 故 人 庄 》(唐·孟浩然)

shān chóng shuǐ fù yí wú lù　　liǔ àn huā míng yòu yì cūn
2. 山 重 水 复疑无路，柳暗花 明 又 一 村。
yóu shān xī cūn
——《游 山 西 村 》(宋·陆游)

成语故事

1. 拔苗助长

春秋时，宋国有个农夫在田里种了一些秧苗。他每天都去看这些秧苗，看来看去，他觉得这些秧苗让他很是失望：昨天和前天看上去没有什么变化，今天和昨天看上去也没有什么变化。他想，照这样长下去，什么时候才能等到收获稻谷的那一天呢？他在田坎上急得团团转。突然，他觉得有一个绝妙的办法，那就是亲自动手，把秧苗往上拔高！

说干就干。他火速脱掉鞋子，挽起裤腿，下到田地里。只见他弓着身体，拉扯着一丛丛的秧苗。太阳炙烤着大地，他的汗珠一滴滴地滑落到了水田里，可他一点都不在意，继续在水田里穿梭、拉扯，直到把所有秧苗都拔高一截，他才筋疲力尽地坐下来休息。

一阵微风吹过，这个农夫看着瞬间长高了一大截的秧苗，心里是说不出的舒服。他觉得自己是世界上最聪明的人，这一天是他一生中最有成就的一天。

农夫得意洋洋地回到了家。他喜形于色地把自己的"壮举"告诉妻子和儿子："告诉你们一个好消息，我们家的秧苗虽然和其他家的是差不多时间种下去的，但是今天，我忙了一天，已经让我们家的秧苗远远高出其他家的一大截了，我们很快就能收割谷子，吃到新米啦！"

妻子和儿子听他这样一说，大喜过望，不知他有何种秘技。于是就跟着农夫来到了自家的田地旁。没想到，几个小时之后的情景，让大家大惊失色——秧苗都倾倒在水面上，已经开始干枯、即将死去了。

这个故事告诉我们：事物的发展有它的客观规律，违反事物的发展规律，急于求成，反而会误了大事。

2. 沧海桑田

沧海，大海；桑田，种桑树的地，泛指农田。沧海桑田，意思是大海变成农田，农田又变成大海。比喻人世间事物变化极大，或者变化较快。

沧海桑田出自晋代葛洪《神仙传·麻姑》："麻姑自说云：接侍以来，已见东海三为桑田。"这句话的意思是，麻姑自言自语道："自从得了道接受天命以来，我已经亲眼见到东海三次变成桑田。"麻姑是古代神话传说中的女仙，她自称曾在短时间内三见沧海变为桑田，因此，在唐代著名诗人李商隐的诗歌《谒（yè）山》中有"欲就麻姑买沧海，一杯春露冷如冰"的诗句，意思是：既然岁月的流逝无法阻止，那么我就从麻姑那里买定沧海，不使它变为桑田。只是即便如此，茫茫沧海也很快变成寒冷如冰的一杯春露。这两句诗揭示了自然规律的无情。

从科学的角度来讲，"沧海桑田"的主要原因，是人类活动、地壳变动与海平面的变化。因此，"沧海桑田"的变化，在地球上是普遍进行着的一种自然过程。

宋代戴复古在《贺新郎·蜗角争多少》中说，"沧海桑田何时变，怕桑田未变人先老"，意思是说，与沧海桑田的变化相比，人生的变老异常迅速。明代张以宁写他看到的钱塘江的变化说："重到钱塘异昔时，潮头东击远洲移。人间莫往三千岁，沧海桑田几许悲。"这是感慨虽然人生短暂，但也能感觉到世界变迁的悲哀。

沧海桑田，也可作"桑田沧海"，也可简称"沧桑"，都是形容人世间事物变化极大，或者变化很快。我们常常用它来表达一种今非昔比、面目全非的感慨。

宋代陈恭说"回首沧桑已数番"，这是感叹人生变迁之大；明代孙蒉（fén）说"沧桑转瞬谁能识，富贵浮云安可常"，这是说世间无常，富贵无恒；明代汤显祖"沧桑长共此山河"，则是说大地山河面目全非的变迁，是一种正常的现象，这与毛泽东"人间正道是沧桑"的意思相近。

 延伸拓展

世外桃源

晋朝陶渊明在他写的《桃花源记》里讲述了这样一个故事：有一个渔夫，划着小船，顺溪流而下，忽然发现一片桃花林，穿过桃花林，迎面有一个山洞。过了山洞，就像来到另一个天地。这里土地肥沃，男耕女织，人人生活幸福，家家和睦相处。村里的人热情招待了他，并告诉他，他们的祖先在秦朝因避战乱，来到这里安家落户。一代一代下来，与外界完全隔绝了，根本不知道外面世界有什么变化。临别时，村里人叮嘱渔夫，不要对外人讲这儿的事。这个成语比喻不受外界影响的地方或理想中的美好地方。

 融通运用

1. 背诵补充的诗句名言，复述本次学到的故事。

2. 描红：园、圃、田、畦。

园	园	园			

圃	圃	圃			

3. 与父母一起收集 1—2 首古代的"田园诗"，写在这里。

_____

_____

_____

_____

4. 选字填空：闻、间、问、闪、闲、闭。

口进门，多提（   ）；耳进门，看新（   ）；

人进门，快躲（   ）；日进门，抢时（   ）；

才进门，把灯（   ）；木进门，有空（   ）。

第四章　花木（一）

经典溯源

【原文】

lián xī ài lián　táo qián ài jú　lián bú shòu wū
濂溪爱莲，陶潜爱菊。莲不受污，
jú bá liú sú
菊拔流俗。

(《名物蒙求》)

lián nǎi　huā zhōng jūn zǐ　jú wéi　yǐn yì zhī
莲乃"花 中 君 子"，菊为"隐逸之
shì
士"。

(《幼学琼林》)

【释读】

北宋哲学家周敦颐，著有《爱莲说》，表达酷爱莲花之情；东晋大诗人陶渊明，吟有《归园田居》，尽显独爱菊花之意。莲花洁身自好，菊花超凡脱俗。

莲花是花中君子，菊花如隐逸之士。

识文解字

1. 木 mù："冒也，冒地而生。"——《说文》

含义：树木是冒出地面生长的，所以"木"有"冒"的意思。

2. 华 huá："荣也。"——《说文》

含义：华，植物开花。"花"是后起字（很早的时候没有，后来才造出来的字）。

3. 莲 lián："芙蕖之实也。"——《说文》

含义：莲是芙蕖的果实，即莲子。芙蕖即荷。

4. 菊 jú："大菊，蘧麦①。"——《说文》

含义：菊指大菊，即蘧麦。

 诗里风物

1. jiāng nán kě cǎi lián　lián yè hé tián tián　yú xì
　 江 南 可 采 莲 ，莲 叶 何 田 田 。鱼 戏
　 lián yè jiān　yú xì lián yè dōng　yú xì lián yè
　 莲 叶 间 ，鱼 戏 莲 叶 东 ，鱼 戏 莲 叶
　 xī　yú xì lián yè nán　yú xì lián yè běi
　 西 ，鱼 戏 莲 叶 南 ，鱼 戏 莲 叶 北 。
　　　　　　　 hàn yuè fǔ　jiāng nán
　　　　　　——汉 乐 府 《江 南 》

2. cǎi jú dōng lí xià　yōu rán jiàn nán shān
　 采 菊 东 篱 下 ，悠 然 见 南 山 。
　　　　　　　　　　　 yǐn jiǔ
　　　　　　　——《饮 酒 》（晋 · 陶 渊 明 ）

3. bú shì huā zhōng piān ài jú　cǐ huā kāi jìn gèng wú huā
　 不 是 花 中 偏 爱 菊 ，此 花 开 尽 更 无 花 。
　　　　　　　　　　　 jú huā
　　　　　　——《菊 花 》（唐 · 元 稹 ）

_____

① 蘧麦：蘧，音 qú，即瞿麦，多年生草本植物，即菊类植物。

jiē tiān lián yè wú qióng bì　　yìng rì hé huā bié yàng hóng

4. 接天莲叶无穷碧，映日荷花别样红。

xiǎo chū jìng cí sì sòng lín zǐ fāng

——《晓出净慈寺送林子方》(宋·杨万里)

成语故事

1. 清水芙蓉

"清水芙蓉"出自唐代著名诗人李白的诗《经乱离后天恩流夜郎忆旧游书怀赠江夏韦太守良宰》。诗中有"清水出芙蓉，天然去雕饰"的诗句，意思是赞美韦太守的文章像那刚出清水的芙蓉花，清新自然，毫无雕琢装饰。清水是清澈的，芙蓉是清雅的，清水映衬芙蓉，就倍加清新雅致了。这里运用了衬托的手法，用清水衬托出芙蓉清新的美。从出处来看，"清水芙蓉"这个成语，是比喻文学作品要像芙蓉出水那样自然清新。李白主张文章纯美自然，这也是他自己诗风的真实写照，后人经常引用这两句诗评价李白的作品。

李白，字太白，号青莲居士，有"诗仙""诗侠""酒仙""谪仙人"等称呼，被公认为中国历史上最杰出的浪漫主义诗人。其作品天马行空，浪漫奔放，意境奇异，才华横溢；诗句如行云流水，宛若大成。

特别值得一提的是，此诗中的"芙蓉"是指水芙蓉，又名荷花、莲花、芙蕖（fú qú）。在中国古典诗歌中，有大量描写"芙蓉"的诗句，如《古诗十九首》中的《涉江采芙蓉》；唐代诗人王昌龄《采莲曲》中"荷叶罗裙一色裁，芙蓉向脸两边开"；唐代诗人白居易《长恨歌》中"芙蓉如面柳如眉"。这里的"芙蓉"都是指荷花。

另外，"清水芙蓉"今天除了可以用来形容文章不事雕琢的质朴风格之外，还可以用来赞美女孩子质朴、清新的气质。

2. 人淡如菊

"人淡如菊"出自司空图《二十四诗品》中的《典雅》，这个成语形容人的品行、性格就像菊花一样淡泊。为何要如此说？一是因为菊花不艳丽，色彩淡雅。二是因为菊花在秋天开放，不与众花争春，心境淡泊。为何要用菊花来作为"淡泊"的标志？这是因为东晋陶渊明作为隐逸诗人之宗，辞掉官职，回归田园后，在他的著名诗作《饮酒》中有"采菊东篱下，悠然见南山"的名句。可见他对菊花的喜爱，并借此表达出他对名利荣辱的淡泊、超然。

唐司空图的《二十四诗品》是中国诗学史上的不朽篇章，其中的《典雅》一章更是千古传颂的绝唱。"典雅"是和"通俗"对立的，凡是典雅的，一般都必须与油盐柴米的世俗生活保持距离。"采菊东篱下"就是典雅，"卖炭西市中"就不典雅了。

司空图《诗品》中的《典雅》，全文内容是："玉壶买春，赏雨茅屋。坐中佳士，左右修竹。白云初晴，幽鸟相逐。眠琴绿荫，上有飞瀑。落花无言，人淡如菊。书之岁华，其曰可读。"意思是：用玉壶载酒游春，在茅屋赏雨自娱。坐中有高雅的名士，左右是秀洁的翠竹。初晴的天气白云飘动，深谷的鸟儿互相追逐。绿荫下倚琴静卧，山顶上瀑布飞珠。花片轻落，默默无语，幽人恬淡，宛如秋菊。把这样的胜境写入诗篇，也许会值得欣赏品读。

"人淡如菊"，是全文的文眼，也是唐人所推崇和追求的境界和品格。它是一种平和执著、淡定从容的心境。犹如朱淑贞描写菊花的诗歌《黄花》中所言"宁可抱香枝上老，不随黄叶舞秋风"。

值得注意的是，"人淡如菊"是描写人物心境与心态的成语，而不能用来形容人与人之间的交往变少或者情感变薄。

延伸拓展

陶渊明与菊花

东晋大诗人陶渊明，是我国历史上第一个爱菊成癖的文学家。陶渊明任彭泽令时因不愿意为五斗米俸禄向长官卑躬屈膝，就辞官归隐，结束了十三年仕途生活，回到田园。他描写菊花的句子有"采菊东篱下，悠然见南山""秋菊有佳色，裛①露掇其英②"等。

融通运用

1. 背诵补充的诗句、名言。
2. 描红：木、花、莲、菊。

木	木	木			

花	花	花			

---

① 裛：音 yì，古同"浥"，沾湿。
② 英：花。

3. 收集你知道的"莲"的其他名称，写在这里。(三个以上)

_____ _____ _____

4. 读一读，填一填。

　　蓝蓝的天上飘着白云。山脚下，河水缓缓地流着。一群鸭子在河里游来游去。山坡上种着许多果树。秋天，果树上结满了红红的苹果、黄澄澄的梨。熟了的柿子挂在树上，远远看去像一个个红灯笼。啊，我的家乡多么美丽啊！

(1) 文中表示动作的词有（　　　　）、（　　　　）、（　　　　）、（　　　　）、（　　　　）、（　　　　）。

(2) 文中表示颜色的词有（　　　　）、（　　　　）、（　　　　）、（　　　　）。

(3) 文中第（　　　）句话概括了短文的大意。

第五章　花木（二）

 经典溯源

【原文】

zhú chēng　　jūn zǐ
竹 称 "君 子"，
sōng hào　　dà fū
松 号 "大 夫"。

（《幼学琼林》）

shū yǐng àn xiāng　　hé
疏 影 暗 香，和
jìng gū shān méi ruǐ fàng
靖 孤 山 梅 蕊 放；
qīng yīn qīng zhòu　　yuān míng
轻 阴 清 昼，渊 明
jiù zhái liǔ tiáo shū
旧 宅 柳 条 舒。

（《笠翁对韵》）

【释读】

　　竹有四种美德：根牢、身直、心空、有节，所以被称为 "君子"。相传秦始皇泰山封禅的时候，下起了暴雨，于是在一棵松树下休息，后来封这棵松树为 "五大夫"。

　　那稀疏的树影和浮动的暗香，是林和靖隐居的孤山的梅花开放了；天稍微有点阴，白天很凉爽，陶渊明老屋前的柳树枝条舒展。

识文解字

1. 竹 zhú："竹，冬生草也。"——《说文》
   含义：竹子是冬天枝叶不凋的一种植物。

2. 松 sōng："松，木也。"——《说文》
   含义：松是树名。

3. 梅 méi："楠也。可食。"——《说文》
   含义：梅，梅树，它的果实可以吃。

4. 柳 liǔ："柳，小杨也。"——《说文》
   含义：柳指杨柳科柳属植物，细茎小叶，人称小杨。

诗里风物

　　　　xī wǒ wǎng yǐ　　yáng liǔ yī yī　　jīn wǒ lái sī　　yù xuě fēi fēi
1. 昔我 往 矣，杨 柳依依。今我 来 思，雨 雪 霏霏。

　　　　　　　　　　　shī jīng　　xiǎo yǎ　　cǎi wēi
　　　　　　　　　　——《诗 经 · 小 雅 · 采 薇》

　　cǐ yè qǔ zhōng wén zhé liǔ　　hé rén bù qǐ gù yuán qíng
2. 此 夜曲 中 闻折柳，何 人 不起 故 园 情。

　　　　　　　　chūn yè luò chéng wén dí
　　　　　　——《春 夜 洛 城 闻 笛》(唐·李白)

　　méi xū xùn xuě sān fēn bái　　xuě què shū méi yī duàn xiāng
3. 梅须逊雪三分白，雪 却 输 梅 一 段 香 。

　　　　　　　　　xuě méi
　　　　　　——《雪 梅》(宋·卢梅坡)

1. 岁寒知松柏

"岁寒知松柏"出自《论语·子罕》:"子曰:'岁寒,然后知松柏之后凋也。'"岁,年的意思;岁寒,是指一年中的寒冷季节,也就是深冬。凋,衰落。这句话的意思是:只有经过严冬,才知道松、柏能够耐寒,是最后凋零的。

松、竹、梅并称"岁寒三友",其中"松"被《史记》誉为"百木之长",从《诗经》开始,众多的文人墨客便通过不同的形式表达了对松树的喜爱,如:《诗经·小雅·斯干》中有"秩秩斯干,幽幽南山,如竹苞矣,如松茂矣"的诗句,刘桢《赠从弟》中有"冰霜正惨凄,终岁常端正。岂不罹(lí)凝寒,松柏有本性"的诗句。松树高雅令人崇敬,所以有"鹤栖君子树,风拂大夫枝"的赞誉。松具有生生不息、高大顽强的生命美;位卑才盛、矢志不渝的情意美;傲骨丹心、淡泊清高的人格美;崇高坚毅、临危不屈的气节美。

春暖花开之时,百花齐放,一片繁华的景象;炎炎夏日,花木大多郁郁葱葱,长势繁茂;金秋时节,果香四溢,各类果树抢尽风头。只有松柏,一年四季,总是披着一身绿衣,不参与世俗的争芳斗艳。寒冬来临时,无论多么名贵的花木,都耐不住严寒,只有松柏,不卑不亢,默默承受严寒,苍翠依旧。孔子如此赞赏松柏,或许是认为:真正的君子是不张扬、坚强不屈、万古长青的人。人的一生,总免不了要经历各种各样的挫折和考验,我们今天常常用"岁寒知松柏"来比喻在艰难逆境中仍旧顽强不屈、保持节操的人。

值得一提的是，"岁寒知松柏"和"患难见真情""路遥知马力，日久见人心"等诗句一样，都可以用来比喻珍贵的情谊在严峻的考验和锻炼中才会得到真正的检验。

2. 青梅竹马

"青梅竹马"出自唐代著名诗人李白的诗《长干（gān）行》："妾发初覆额，折花门前剧。郎骑竹马来，绕床弄青梅。同居长干里，两小无嫌猜。"剧，游戏的意思；青梅，青的梅子；竹马，儿童以竹竿当马骑；"床"是井上围栏的意思。弄，玩耍，把玩。这句话的意思是：我的头发刚刚覆盖前额的时候，在门前折花玩；恰逢你骑着竹马来到，绕着井上围栏，用所骑的竹竿，设法为我摘下青梅来把玩。我们共同居住在长干里这个地方，从小就是亲密无间的朋友。

这首诗描写的是古代金陵城长干里街道住着两户人家，两家均有孩子，一男一女。他们从小在一起玩耍，一起长大，两人感情纯洁深厚，而且毫无猜疑。后来两个小孩长大结为夫妻。

"青梅竹马"用来形容小儿女天真无邪玩耍游戏的样子，表明天真、纯洁的感情长远深厚。今天，我们常把"青梅竹马""两小无猜"连用，意思相同。

要特别注意的是，青梅竹马和举案齐眉、儿女情长、耳鬓厮磨、卿卿我我等成语一样，特指夫妻或者异性之间情感的深厚，不能用来形容同性朋友之间的友谊。

 延伸拓展

梅妻鹤子

北宋文人林逋（bū）隐居在杭州的孤山，种植梅花饲养仙鹤，终身不娶，人们称之"梅妻鹤子"。林逋常常驾驶着小舟幽游于西湖的各个寺庙。有客人到了他的家里，一个小童子出去开门，把客人请进来坐，为他打开笼子放出仙鹤观看。过不了多久，林逋一定会驾着小舟回家，原来是把仙鹤飞天作为回家的信号。

 融通运用

1. 背诵补充的诗句、名言。
2. 描红：竹、松、梅、柳。

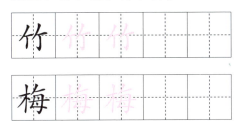

3. 收集你所在城市含有"松竹梅柳"字的街道或公园名称，写在这里。（三个以上）

   _____ _____ _____

4. 仿照例子写一写。

   例：小明给奶奶捶背。

   　　小明在院子里给奶奶捶背。

   　　一天中午，小明在院子里给奶奶捶背。

   小花猫睡觉。

   小花猫_____睡觉。

   _____，小花猫_____睡觉。

027

第六章　花木（三）

 经典溯源

【原文】

hǎi táng kuā shǔ　　mǔ dān shèng táng　　lán shēng shēn lín　　zì dùn
海　棠　夸　蜀，牡　丹　盛　唐。兰　生　深　林，自　遁
yú huāng
于　荒　。

（《名物蒙求》）

táo lǐ bù yán　　xià zì chéng xī
桃李不言，下　自　成　蹊。

（《幼学琼林》）

【释读】

　　蜀地的海棠花好，盛唐的牡丹花艳。深山丛林中的兰花，素淡孤高，自甘隐居在山野里。

　　桃李虽不会说话，但它们果实甜美，惹人喜爱，它的下面自然会被人们走出小路。

识文解字

1. 棠 táng："牡（mǔ）曰棠，牝（pìn）曰杜。"——《说文》
   含义：棠、杜为同一种树，不结果的叫棠，结果的叫杜。

2. 兰 lán："兰，香草也。"——《说文》
   含义：兰是一种香草，即泽兰。

3. 桃 táo："桃，果也。"——《说文》
   含义：桃是一种果子，其树亦称桃树。

4. 李 lǐ："李，果也。"——《说文》
   含义：李是一种果子，其树亦称李树。

诗里风物

táo zhī yāo yāo　zhuó zhuó qí huá
1. 桃 之 夭 夭 ， 灼 灼 其 华 。

shī jīng　zhōu nán　táo yāo
——《诗 经 · 周 南 · 桃 夭》

lán zhī yī yī　yáng yáng qí xiāng
2. 兰 之 猗 猗 ， 扬 扬 其 香 。

yōu lán cāo
——《幽 兰 操》（唐·韩愈）

wéi yǒu mǔ dān zhēn guó sè　huā kāi shí jié dòng jīng chéng
3. 唯 有 牡 丹 真 国 色 ， 花 开 时 节 动 京 城 。

shǎng mǔ dān
——《赏 牡 丹》（唐·刘禹锡）

4. 只 恐 夜 深 花 睡 去，故 烧 高 烛 照 红 妆 。
zhǐ kǒng yè shēn huā shuì qù gù shāo gāo zhú zhào hóng zhuāng

——《海 棠 》（宋·苏轼）
hǎi táng

成语故事

1. 王戎识李

王戎七岁的时候，有一天和小伙伴们在路上玩耍，大家发现路边有一株李树挂满了李子。这正是李子成熟的时节，这棵树上结出的李子很多，把枝条都压弯了。

小朋友们在李树下跑来跑去，大家都禁不住果子的诱惑，纷纷想摘下李子来吃。

小朋友们个子都不高，大家商量该怎样才能摘到果实。有人说：“我们去找一根竹竿吧，噼里啪啦一敲，李子就会像雨点一样落下来。”有人说：“我们来叠人梯爬上去，个子小的小朋友踩在个子大的小朋友的身上，爬上去就能摘到李子了。”还有小朋友干脆跳了起来，想碰碰运气，看能不能顺手摘到几个低处的李子。大家都跃跃欲试，激动万分。

这个时候，只有王戎显得非常冷静。他只是看着大家讨论，并没有一点心动的样子。有人问：“大家都在讨论怎样摘到李子，你难道不想吃吗？”王戎平静地回答说：“这棵树长在人来人往的路旁，结了这么多李子，这是大家都很容易看见的；可是现在，这些李子都成熟了，还有这么多挂在树上，说明这李子的味道一定不好。”

大家听王戎这么一说，半信半疑，更想知道李子的味道，看看王戎说的到底有没有道理。就在这时，一个小朋友用石子打下了一颗李子，迫不及待地放在嘴里一咬。只听到“哇”的一声，这个小朋友忙不迭地吐出吃了一半的李子。他愁眉苦脸地对大家说：“这李子的味道又苦又涩，根本没法吃！我们还是去玩吧，别浪费时间了。”

这个故事告诉我们：做事要仔细观察，善于思考，根据有关现象进行推理判断。有了正确的预判，就不会盲目追随他人。

2. 桃李不言，下自成蹊（xī）

"桃李不言，下自成蹊"出自西汉著名文学家、史学家司马迁的巨著《史记·李将军列传》："彼其忠实心诚信于士大夫也！谚曰'桃李不言，下自成蹊'。此言虽小，可以喻大也。"

"桃李不言，下自成蹊"这个成语中：言，动词，意思是说话；蹊，名词，意思是小路。这段话的意思是，他那忠实诚恳的品格使士大夫信赖。谚语说："桃子李子虽不会说话，（但是它们果实甜美，惹人喜爱）人们在它下面走来走去，走成了一条小路。（比喻一个人做了好事，不用张扬，人们就会记住他。只要能做到身教重于言教，为人诚恳、真挚，就会深得人心。只要真诚、忠实，就能感动别人。）"这话虽很短小精炼，却可以使人明白大道理啊！

西汉时期勇猛善战的李广将军，一生跟匈奴打过七十多次仗，战功卓著，深受官兵和百姓的爱戴。李广虽然善于打仗，战功显赫，但他一点也不居功自傲。他不仅待人和气，还能和士兵同甘共苦。每次朝廷给他的赏赐，他首先想到的是他的部下。打起仗来，他身先士卒，英勇顽强，只要他一声令下，大家个个奋勇杀敌，不怕牺牲。

李广虽英勇善战，军旅生涯却并不顺利。用汉武帝的说法，就是"数（shù）奇（jī）"，意思是命运不好。李广一生打仗几十次，却没有能够得到封赏。所以王勃在《滕王阁序》中感慨说："冯唐易老，李广难封。"李广是一个很有才能、但人生坎坷的悲情人物。后来，当李广将军去世的噩耗传到军营时，全军将士无不痛哭流涕，连许多与大将军并不熟悉的百姓也纷纷悼念他。在人们心目中，李广将军就是他们崇拜的大英雄。

今天，"桃李不言，下自成蹊"这个成语用来比喻一个人做了好事，不用张扬、夸耀、向别人邀功，人们就会记住他。

 延伸拓展

武则天和洛阳牡丹

据说武则天登皇位后的一年冬天，兴致大发，带着妃嫔、宫女到上苑饮酒赏雪。为了让百花斗雪竞放，她令宫女拿来文房四宝，在白绢上写了一首五言诗："明朝游上苑，火速报春知。花须连夜放，莫待晓风吹。"写罢，她叫宫女拿到上苑焚烧，以报花神知晓。

宫女把武则天的诏令拿到上苑焚烧以后，第二天一大早，绝大部分花儿只好违背季节开放，唯有牡丹未放。武则天遂下令放火焚烧园中牡丹，并要求连根铲除，贬出长安，扔到洛阳邙山。

谁知，牡丹到了新的土地，就又扎下了根。来年春天，满山翠绿，株株怒放，千姿百态。因为这种牡丹在烈火中骨焦心刚，矢志不移，人们赞它为"焦骨牡丹"。后来经过洛阳人的精心培育，花儿更红更艳了，所以后人又起名叫"洛阳红"。

融通运用

1. 背诵补充的诗句、名言。

2. 描红：棠、兰、桃、李。

3. 成都双流的棠湖公园、温江的国色天香得名的原因是什么？跟爸爸妈妈一起查查资料，看看能不能有新的收获。

4. 读一读，填一填。

竹枝挺拔，修长，四季青翠，傲雪凌霜，倍受中国人民喜爱，有"梅兰竹菊"四君子之一，"松竹梅"岁寒三友之一等美称。中国古今文人墨客，嗜竹咏竹者众多。

(1) 竹枝挺拔，＿＿＿＿＿＿＿＿＿，四季＿＿＿＿＿＿＿＿＿，傲雪凌霜。

(2) 有"＿＿＿＿＿＿＿"四君子之一，"＿＿＿＿＿＿＿"岁寒三友之一等美称。

第七章 士农工商，各有所业
——职业

 经典溯源

【原文】

dú shū wéi shì　gēng tián wéi nóng　xíng shāng zuò gǔ　jì yì
读书为士，耕田为农。行商坐贾，技艺

bǎi gōng
百工。

shì wèi sì mín　gè yǒu suǒ yè　qí wéi shì zhě　háo jùn yīng jié
是谓四民，各有所业。其为士者，豪俊英杰。

（《名物蒙求》）

【释读】

　　读书学道的是士人，耕种田地的是农民，从商卖货的是商人，有技艺造器具的是工匠。

　　士、农、工、商，统称为四民，他们各有所从事的事情。读书学道的士人，是其中最优秀、最杰出的。

 识文解字

1. 士 shì："士，事也。"——《说文》
　　含义：士指任事之人。

2. 农 nóng："农，耕也。"——《说文》
　　含义：从事耕种的人。耕，耕种。

3. 工 gōng："工，巧饰也。"——《说文》

含义：工的意思是精巧、精致。

4. 商 shāng："商，从外知内也。"——《说文》

含义：商的意思是估量，由外知内。

诗里风物

dú shū pò wàn juàn　　xià bǐ rú yǒu shén
1. 读书破万卷，下笔如有神。

fèng zèng wéi zuǒ chéng zhàng èr shí èr yùn
　　　　　——《奉赠韦左丞丈二十二韵》(唐·杜甫)

chú hé rì dāng wǔ　　hàn dī hé xià tǔ　　shéi zhī pán zhōng cān　　lì
2. 锄禾日当午，汗滴禾下土。谁知盘中餐，粒

lì jiē xīn kǔ
粒皆辛苦？

mǐn nóng èr shǒu
　　　　　　——《悯农二首》(唐·李绅)

成语故事

1. 守株待兔

　　春秋时期，宋国有一个农民，日出而作，日落而息。遇到好年景，也不过刚刚吃饱穿暖；一遇灾荒，可就要忍饥挨饿了。每天他都在抱怨："为什么要干这么多活啊，这样的苦日子什么时候才能到头呢！"可是为了生存，他又不得不干下去。

　　一天，他在田里锄草，累得气喘吁吁。抬起头来，他发现周围有人在打

035

猎，吆喝之声四处起伏。受惊的小野兽没命地奔跑。正看着，身边传来一阵窸窸窣窣的声音，突然有一只兔子跑出来，不偏不倚地一头撞在他田边的树根上。兔子立即头破血流，倒地死去。农夫觉得奇怪极了，心想：哪有兔子自己跑来送死的。但他马上安慰自己：说不定这是上天看我太辛苦，给我的赏赐呢！

当天晚上，他兴高采烈地拎着兔子回家，告诉妻子这是一只主动送死的兔子。妻子半信半疑，但也非常高兴。于是他们美美地饱餐了一顿。

第二天，他还是照常走到田边去干活。他一边伸懒腰，一边喃喃自语，说："唉，又要开始辛苦劳作一天了。"忽然，他看见了昨天那根撞死了兔子的树桩，立即回想起昨天那神奇的一幕。他马上把锄头一扔，安慰自己说："如果天天都有兔子来送死，我不就再也不用干活儿了吗？"于是他便走到树桩边，专心致志地等着再有兔子来送死。

哪想他等到太阳下山了，也没有看到兔子的影子。他安慰自己说："没关系，说不定明天就有了。"就这样日复一日，别说是兔子，连老鼠他都没有再遇见一只。

这个故事用来批评那些不知变通、死守陈旧经验的人。兔子撞上树桩，是一个概率极低的偶然事件，并不是必然发生的，这位农夫混淆了偶然与必然。

2. 洛阳纸贵

在西晋太康年间，有一位名叫左思的文学家，因为身材矮小，貌不惊人，说话结巴，他的父亲左雍就一直看不起他，常常对外人说后悔生了这个儿子。等到左思成年，左雍还对朋友们说："左思虽然成年了，可是他掌握的知识和道理，还不如我小时呢。"

左思不甘心受到这种鄙视，开始发愤学习。当他读过东汉班固写的《两都赋》和张衡写的《西京赋》后，虽然很佩服其宏大的气魄、华丽的文辞，文章写出了东京洛阳和西京长安的京城气派，可是他也看出了其中虚而不实、大而无当的弊病。从此，他决心依据事实和历史的发展，写一篇《三都赋》，把三国时魏都邺城、蜀都成都、吴都南京写入赋中。

为写《三都赋》，使得笔笔有着落有根据，左思开始收集大量的历史、地理、物产、风俗人情的资料，大量的书、资料堆满了屋子。收集好后，他闭门谢客，开始苦写。他在一个书纸铺天盖地的屋子里昼夜冥思苦想，常常是好久才推敲出一个满意的句子。经过十年，这篇凝结着左思甘苦心血的《三都赋》终于写成了！

左思的《三都赋》在文学界品评时，那些文人们一见作者是位无名小卒，就根本不予细看，摇头摆手，把《三都赋》说得一无是处。左思不甘心自己的心血遭到埋没，找到了著名文学家张华。

张华先是逐句阅读了《三都赋》，然后仔细询问了左思的创作动机和经过，当他再回头来体察句子中的含义和韵味时，不由得为文中的句子深深感动了。他越读越爱，到后来竟不忍释手了。他称赞道："文章非常好！那些世俗文人只重名气不重文章，他们的话是不值一提的。皇甫谧（mì）先生很有名气，而且为人正直，让我和他一起把你的文章推荐给世人！"

皇甫谧看过《三都赋》以后也是感慨万千，他对文章予以高度评价，并且欣然提笔为这篇文章写了序言。他还请来著作郎张载为《三都赋》中的《魏都赋》做注，请来中书郎刘逵为《蜀都赋》和《吴都赋》做注。

在名人作序推荐下，《三都赋》很快风靡了京都，懂得文学之人无一不对它称赞不已。大家争相传抄左思的作品《三都赋》，以至一时纸张供不应求，货缺而贵。

后来我们用这个成语比喻作品为世人所看重，风行一时，流传甚广。

延伸拓展

书读百遍，其义自见(xiàn)

董遇性格敦厚老实而且很好学。附近的读书人请他讲学，他不肯教，却对人家说："读书百遍，其义自见。"请教的人说："您说的有道理，只是苦于没有时间。"董遇说："应当利用'三余'时间来读书。"有人问"三余"是什么，董遇说："'三余'就是三种空闲时间。冬天，没有多少农活，这是一年里的空闲时间；夜间，不便下地劳动，这是一天里的空闲时间；雨天，不好出门干活，也是一种空闲时间。"

融通运用

1. 背诵补充的诗句名言。
2. 描红：士、农、工、商。

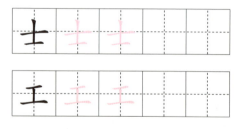
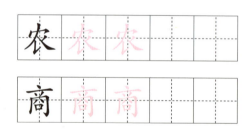

3. 你还知道哪些职业？写在这里。

_____

4. 根据提示写留言条。

　　11月4日晚上，小元放学回家，爸爸、妈妈都不在家，他饿了，就去奶奶家吃饭。他该怎样给爸爸妈妈写留言条呢？

_____

_____

_____

第八章　扁舟短棹，浪桨烟篙
——器物（一）

经典溯源

【原文】

yú jiā zhī qì　piān zhōu duǎn zhào　xuě suō yǔ lì　làng jiǎng

渔家之器，扁舟短棹。雪蓑雨笠，浪桨

yān gāo

烟篙。

shāng gě wàn duò　mán bó qiān sōu　fān yǐng qiū fēng　lǔ shēng

商舸万柁，蛮舶千艘。帆影秋风，橹声

yuè yè

月夜。

（《名物蒙求》）

【释读】

有一条小船既作打鱼器具又作住家房屋，短桨在风平浪静时作摇船之用。在大雪封江时，有蓑衣可以挡雪御寒；在春雨霏霏时，有斗笠可以遮风挡雨。在风高浪急时，有长桨可以劈波斩浪；在烟波浩渺中，有竹篙撑出绿水青山。这些都是渔家的器具。

千万艘通商船舶，乘风破浪。白帆鼓秋风，橹声伴月夜。

识文解字

1. 器 qì："器，皿也。"——《说文》

含义：器指器皿。

2. 物 wù:"物，万物也。"——《说文》

含义：物指万物。

3. 渔 yú:"渔，捕鱼也。"——《说文》

含义：渔，意思是捕鱼。

4. 舟 zhōu:"舟，船也。"——《说文》

含义：舟就是船。

 诗里风物

1.
yú wēng yè bàng xī yán sù   xiǎo jí qīng xiāng rán chǔ zhú   yān xiāo
渔 翁 夜 傍 西 岩 宿，晓 汲 清 湘 燃 楚 竹。烟 销

rì chū bù jiàn rén   āi nǎi yì shēng shān shuǐ lǜ
日 出 不 见 人，欸 乃 一 声 山 水 绿。

yú wēng
——《渔 翁 》（唐·柳宗元）

2.
yí zhào chūn fēng yí yè zhōu   yì lún jiǎn lǚ yì qīng gōu
一 棹 春 风 一 叶 舟，一 纶 茧 缕 一 轻 钩。

yú fǔ   èr shǒu
——《渔 父 （二 首 ）》（南唐·李煜）

成语故事

1. 鹬蚌（yù bàng）相争， 渔翁得利

战国时，赵国将要出战燕国，谋士苏代对赵国的国君惠文王讲了这样一个故事：

今天我来的时候，路过了易水，看见一只河蚌正从水里爬出来，张开了壳，躺在河滩上晒太阳，因为阳光暖暖的，它舒服得不知不觉睡着了。

有一只鹬鸟，看见这金灿灿的阳光也非常高兴，打算到河里洗个澡。突然，它发现河滩上有个东西在闪闪发亮，好奇地飞过去一看，原来是一只河蚌在晒太阳。厚厚的蚌壳全都张开了，露出了粉红色的肉，鹬鸟馋得口水直流，心想：这真是送上门的大餐啊！于是它扬起又尖又长的嘴巴，猛地啄了下去。蚌疼得醒了过来，马上闭拢双壳，一下夹住了鹬鸟的嘴巴。

它俩僵持着，鹬对蚌说："今天不下雨，明天不下雨，你就会干死。"河蚌也对鹬说："今天你的嘴不取出来，明天你的嘴不取出来，就会饿死你。"就在两个都不肯放弃的时候，一个打鱼的渔夫走了过来，看见它们争过去争过来，哈哈大笑，说："今天的运气真好，白捡到两样好东西。"渔翁用网把它们网起来，轻易地就把它们一起捉住了。

讲到这里，苏代说："现在赵国将要攻打燕国，燕赵两国如果长期相持不下，老百姓就会疲惫不堪，我担心强大的秦国就要成为那不劳而获的渔翁了。所以我希望大王认真考虑出兵之事。"听完鹬蚌相争的故事，赵惠文王恍然大悟，说："好吧。"于是停止出兵攻打燕国。

鹬蚌相争，渔翁得利。这个结局告诉我们：做事要权衡得失，不要只想着对自己有利的一面，要相互妥协，退一步海阔天空，否则两败俱伤，只能让第三方得利。

2. 破釜 (fǔ) 沉舟

秦朝末年，各地农民纷纷举行起义，反抗秦朝的暴虐统治。项羽和刘邦都是当时的乱世英雄。

那时，秦二世派兵攻打赵国，赵国的军队被秦军团团围住，情况非常危急，赵王连夜向楚怀王求救。楚怀王派宋义为上将军，项羽为次将，带领二十万人马去营救赵国。谁知宋义听说秦军势力强大，到了黄河南岸后，停留了一个半月也不肯过河，军中没有粮食，他也不闻不问。

他的举动把项羽气得不得了，项羽一气之下杀了宋义，自己代任"上将

军"，亲自带着部队去救赵国。项羽先派出一支部队，切断了秦军运粮的道路；然后率领主力渡过漳河，解救巨鹿。等楚军全部渡过漳河以后，项羽让士兵们饱饱地吃了一顿饭，每人再带上三天的干粮，然后传下命令：把渡河的船（古称"舟"）凿穿沉入河里，把做饭用的锅（古称"釜"）砸个粉碎，把附近的房屋放火统统烧毁。这就叫"破釜沉舟"。项羽用这个做法来表示他有进无退、一定要夺取胜利的决心。楚军士兵见主帅的决心这么大，就谁也不打算再活着回去。在项羽亲自指挥下，他们拼死向秦军冲杀过去。经过连续九次冲锋，把秦军打得大败。这一仗不但解了巨鹿之围，而且把秦军打得再也振作不起来，过了两年，秦朝就灭亡了。

从这以后，项羽当上了真正的上将军，其他许多支军队都归他统帅和指挥，他的威名传遍了天下。

今天，人们常用这个成语比喻不顾一切，不留退路，下定决心把一件事做好。其实，在人生之中要做好一件事，常常需要有破釜沉舟的勇气。逼迫自己去奋斗，去成功，这样的人生必将更加精彩。破釜沉舟，和得过且过、优柔寡断、畏畏缩缩、瞻前顾后等成语是反义词，它赞美的是一种勇往直前、背水一战的决心和勇气。

 延伸拓展

刻舟求剑

有个楚国人，坐船渡河时不慎把剑掉入河中，他在船上用刀刻下记号，说："这是我的剑掉下去的地方，一会儿到岸的时候我就从这跳下去找剑。"

当船停下时，他沿着记号跳入河中找剑，遍寻不获。

融通运用

1. 背诵补充的诗句名言。

2. 描红：器、物、渔、舟。

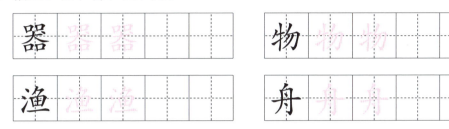

3. 收集三句含有"渔"字的诗句，写在这里。

_____

_____

_____

4. 快乐阅读。

凿壁偷光

古时候有个孩子叫匡衡（kuāng héng），他非常热爱读书，可是匡衡的家里很穷，买不起蜡烛。一到了晚上，屋子里非常黑，什么也看不见了。匡衡把书拿到院子里，在月光下面读书。但是没有月亮的时候就又没有办法了。

一天夜里，匡衡躺在床上想：怎样在晚上也能读书呢？忽然，他看到墙上有一点光亮照了过来。原来，是墙上有一个小洞，隔壁邻居家点蜡烛的光亮透了过来。匡衡高兴极了，急忙把墙上的小洞凿大一些。就这样，匡衡每天晚上都坐在墙下，借着邻居家蜡烛的光亮读书。

（1）匡衡家里买不起蜡烛，夜里他只能在（　　　　）读书。

（2）墙上的光亮是怎么来的？用"＿＿＿"在文中画出来。

第九章　茶灶丹炉，金鼓铙镯
——器物（二）

经典溯源

【原文】

sēng jiā zhī qì　　gǔ qìng zhōng yú　　dào jiā zhī qì　　chá zào dān lú
僧 家 之 器，鼓 磬 钟 鱼。道 家 之 器，茶 灶 丹 炉。

gōng zhàn zhī qì　　jīn gǔ náo zhuó　　jiǎ zhòu gē máo　　jiàn gōng
攻 战 之 器，金 鼓 铙 镯，甲 胄 戈 矛，剑 弓

dāo shuò
刀 槊 。

（《名物蒙求》）

【释读】

　　佛教僧侣的器具，有庙鼓、引磬、铜乐磬、寺钟、木鱼等。道教道士的器具，有茶灶和炼丹炉等。兵家进攻和作战的器具，有金鼓、金铙、金镯、头盔、长柄铁戈、长柄铜矛、双锋宝剑、羽箭弯弓、丈二大刀、丈八长槊等。

识文解字

1. 僧 sēng："僧，浮屠道人也。"——《说文》
　　含义：僧就是和尚。指出家修行的男性佛教徒。

2. 道 dào："道，所行道也。"——《说文》
　　含义：人们行走的路。

3. 戈 gē："戈，平头戟也。"——《说文》

含义：一种兵器，中国古代的主要兵器。

4. 矛 máo："矛，酋矛也。"——《说文》

含义：矛是一种长柄有刃的直刺兵器。

 ## 诗里风物

nìng wéi bǎi fū zhǎng　　shèng zuò yì shū shēng
1. 宁 为 百 夫 长 ， 胜 作 一 书 生 。

cóng jūn xíng
——《 从 军 行 》（唐·杨炯）

jiāng jūn jīn jiǎ yè bù tuō　　bàn yè jūn xíng gē xiāng bō　　fēng tóu rú
2. 将 军 金 甲 夜 不 脱 ， 半 夜 军 行 戈 相 拨 ， 风 头 如

dāo miàn rú gē
刀 面 如 割 。

zǒu mǎ chuān xíng fèng sòng fēng dà fū chū shī xī zhēng
——《 走 马 川 行 奉 送 封 大 夫 出 师 西 征 》

（唐·岑参）

qīng chén rù gǔ sì　　chū rì zhào gāo lín　　qū jìng tōng yōu chù　　chán
3. 清 晨 入 古 寺 ， 初 日 照 高 林 。 曲 径 通 幽 处 ， 禅

fáng huā mù shēn
房 花 木 深 。

tí pò shān sì hòu chán yuàn
——《 题 破 山 寺 后 禅 院 》（唐·常建）

bié lái lǎo dà kǔ xiū dào　　liàn dé lí xīn chéng sǐ huī
4. 别 来 老 大 苦 修 道 ， 炼 得 离 心 成 死 灰 。

mèng jiù
——《 梦 旧 》（唐·白居易）

成语故事

1. 晨钟暮鼓

"晨钟暮鼓"有两层含义，一是指古时城内的报时法，即早上敲钟，晚上击鼓。

古人把一昼夜划分为十二个时辰，分别以地支（子丑寅卯辰巳午未申酉戌亥）命名排序，每个时辰相当于今天的两个小时。以圭表或铜壶测得时辰，便击鼓报时，以便让民众知晓。但因为鼓声传的范围有限，齐武帝时，为使宫中都能听见报时声，便在景阳楼内悬挂了一口大铜钟，改为只在晚上击鼓报时，首开先河。为了使钟声传播更远，除了铜钟越铸越大之外，还建造了一座较高的钟楼，与鼓楼相对，朝来撞钟，夜来击鼓。

"晨钟暮鼓"的另一层含义，和佛教寺院的传统相关，指寺庙中早晚报时的钟鼓声，也用来形容寺院僧人的生活。俗话说，"做一天和尚敲一天钟"。在寺庙中，敲钟的意义很多，召集僧人上殿、诵经做功课，起床、睡觉、吃饭等，无不以钟为号。而敲钟的讲究也很多。以晨钟暮鼓为例，一般寺院每于晨昏击钟敲鼓，称为"晨钟暮鼓"，以警觉修行人要当勤精进，慎勿放逸。其敲法是，每次紧敲18下，慢敲18下，不紧不慢再敲18下，如此反复两遍，共108下。至于打钟为何要定为108下，一种说法是，应十二月、二十四节气、七十二候（五天为一候）之数，合为108，象征一年轮回，天长地久。另一种说法是，佛教认为人有108种烦恼，敲108下便能解除忧愁，所以，念经或诵咒需要108遍，佛珠也是108颗，就连菩萨也是108尊，这些都有消除人们的烦恼之意。

今天我们用这个成语来比喻可以使人警觉醒悟的话，也形容时光的流逝。

2. 草木皆兵

东晋时代，前秦皇帝苻坚统一了北方黄河流域，控制了半个中国。他踌躇满志，打算攻打江南的东晋，统一全国。苻坚征集了 80 多万人的军队。当时，晋军在将领谢石、谢玄的带领下，士兵总数只有 8 万人。东晋王朝面临生死存亡的危机。

没想到，苻坚的先锋部队 25 万人在寿春被谢玄部下刘牢之出奇兵击败了，苻坚的大将梁成也被杀死，士兵死伤了一万余人。余下的士兵都惊恐万状，狼狈逃跑。

苻坚和他的弟弟苻融在寿春城上，看见晋军一座座的营帐排列得整整齐齐，手持刀枪的晋兵来往巡逻，阵容严整威武。再往远处看，对面的八公山上，隐隐约约不知道有多少晋兵。其实，八公山上并没有晋兵，这只不过是苻坚心虚眼花，把八公山上的草木都看成是晋兵了。一阵风过，山上晃动的草木，就像无数士兵在运动。苻坚顿时面如土色，惊恐地回过头来对弟弟苻融说："晋兵是一支劲敌，怎么能说它人数少呢？"

两军决战前，谢石、谢玄提出要求，让秦军稍微往后退，让出一点地方，以便晋军渡河与秦军决战。苻坚妄图趁晋军渡河一半的时候来个突然袭击，一举消灭晋军，因此接受了晋军的要求，下达了"后退"的命令。没想到，许多秦兵一半由于厌恶战争，一半由于害怕晋军，一听到后撤的命令，撒腿就跑，再也不想停下来了。谢玄率领八千多骑兵，趁势飞快渡过淝水，向秦军猛攻，把秦军杀得丢盔卸甲、尸横遍野。苻融阵亡、苻坚中箭了，只得往淮北逃窜。这就是历史上有名的以少胜多的淝水之战。

"草木皆兵"，形容人由于惨败而神经过敏、极度惊慌，稍微有些风吹草动，就紧张害怕得要命。这个成语也启示我们：当处在比较特殊的不利环境下时，要理性地看待问题，不要被恐惧的情绪控制。

延伸拓展

万事俱备，只欠东风

赤壁之战中，孙刘联军计划用火攻击败曹操。蜀国臣相诸葛亮和吴国大将周瑜已经用反间计骗曹军把战船连在一起。周瑜又打黄盖，让这老将用"苦肉计"去诈降曹操。实际上，黄盖在船中装满了容易燃烧的物品，准备以诈降的方式冲向曹营，发起火攻。可等一切都准备好后，周瑜却发现曹操的船只都停在大江的西北，而自己的船只靠南岸。这时正是冬季，只有西北风，如果用火攻，不但烧不着曹操，反而会烧到自己的头上，只有刮东南风才能对曹军发起火攻。周瑜为此忧虑成疾，但诸葛亮泰然自若仿佛胜券在握，让周瑜放心。周瑜命令部下做好火攻的一切准备，等东风吹起就马上进兵。诸葛亮让周瑜在南屏山修筑七星坛，然后登坛烧香，口中念念有词，装作呼风唤雨的样子。

半夜三更，忽听风响旗动，周瑜急忙走出军帐观看，真的刮起了东南大风，他连忙下令发起火攻。黄盖借着风势带船猛冲进曹军水寨放火，曹军的船阵很快地都烧了起来。一眨眼工夫，已经烧成一片火海。水寨烧了不算，岸上的营寨也着了火，孙刘联军乘势出击，曹军死伤大半。

东风，成为赤壁之战决定胜负的关键因素。

融通运用

1. 背诵补充的诗句名言。
2. 描红：僧、道、戈、矛。

僧	僧	僧			

道	道	道			

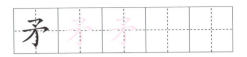

3. 说说我国历史上有名的"以少胜多"的几次战争。

4. 快乐阅读。

太阳和虹

刚下过雨，太阳出来了，天上出现了一道美丽的虹。人们都说："多美啊，好漂亮啊！"

虹听了，高兴极了，觉得自己真了不起，谁都比不上自己。

太阳对虹说："你美丽，这是真的。不过，要是没有我，也就没有你了。"虹听了，很不服气，它说："我才不信呢！"

太阳摇摇头，躲到云背后去了。刚才还在得意的虹立刻就不见了。

(1) 短文一共有（　　）个自然段，写了（　　　　）和（　　　　）的故事。

(2) 在文中找出虹不见了的原因，用"＿＿＿＿"画出来。

(3) 你想对虹说什么？写一写。

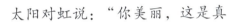

第十章　衣裳裙裾，布衿华服
——衣

经典溯源

【原文】

shàng fú yuē　　yī　　xià fú yuē　　cháng　　yī qián yuē　　jīn
上 服 曰 "衣"，下 服 曰 "裳"；衣 前 曰 "襟"，

yī hòu yuē　　jū
衣 后 曰 "裾"。

bì yī yuē　　lán lǚ　　měi fú yuē　　huá jū　　　bù yī　　jí bái
敝 衣 曰 "褴褛"，美 服 曰 "华裾"。"布 衣" 即 白

dīng zhī wèi　　qīng jīn　　nǎi shì zǐ zhī chēng
丁 之 谓，"青 衿" 乃 士 子 之 称 。

(《幼学琼林》)

【释读】

上身的衣服叫 "衣"，下身的服装叫 "裳"。衣的前幅称作 "襟"，后幅叫作 "裾"。衣服破旧，唤作 "褴褛"；衣服华丽，称为 "华裾"。"布衣" 说的是白丁、平民；"青衿" 是指读书人。

识文解字

1. 衣 yī："衣，依也。上曰衣，下曰裳。" ——《说文》

含义：衣是依靠它蔽体御寒的东西，上身穿的称衣，下身穿的叫裳。

2. 裳 cháng："裳，下裙也。"——《说文》

含义：裳就是裙子。

3. 裙 qún："裙，下裳也。"——《说文》

含义：裙就是下裳，下裙，今天专指裙子。

4. 裾 jū："裾，衣袌也。"——《说文》

含义：上衣可以怀抱之处，即前襟。

诗里风物

1.　岂曰无衣？与子同袍……岂曰无衣？与子同泽……岂曰无衣？与子同裳。

——《诗经·国风·秦风》

2.　缃绮为下裙，紫绮为上襦。

——《陌上桑》（汉·乐府民歌）

3.　青青子衿，悠悠我心。

——《诗经·国风·郑风》

4.　云想衣裳花想容，春风拂槛露华浓。

——《清平调·其一》（唐·李白）

051

成语故事

1. 集腋成裘 (qiú)

腋，腋下，指狐狸腋下的皮毛；裘，皮袍。

"集腋成裘"出自《慎子·知忠》："故廊庙之材，盖非一木之枝也；粹白之裘，盖非一狐之皮也。"这句话的意思是：修建庞大宫殿所用的木材，绝不是一棵树的材料就足够的；纯白的狐皮裘衣，绝不是一只狐狸皮所能做成的。

天下并没有纯白的狐狸，却有纯白的狐裘。狐狸腋下的皮很白，把许多块腋下的小皮聚集起来便能缝制成一件纯白珍美的皮衣。这可用来比喻"积少成多"或"博采众长"。古往今来，凡是杰出的人物，都是从众人中吸取长处、依靠众人的力量来成就自己的功业的。白手起家的创业者，也是通过一点一滴的积累而逐渐壮大发展起来的。

今天，这个成语用来比喻汇聚珍贵美好的事物，逐渐积少成多。它的近义词有：积土成山、积少成多、聚沙成塔、积羽沉舟等。

2. 衣锦夜行

秦朝末年，刘邦、项羽等起兵反秦。他们曾互相约定：谁先攻入咸阳，谁就在关中为王。结果，刘邦首先攻破秦都咸阳，成了关中王。项羽随后入城，因此心中很不乐意。他火冒三丈地说："我要让秦宫变成废墟！"于是，他带领大队人马，冲入城内，大肆屠杀，还放火焚烧了秦宫，秦国的宫殿果然变成了一堆废墟。

看到破败的宫殿，加之对故乡彭城的眷恋，项羽便想将秦朝的金银财宝运回老家彭城，并在那里建都。谋士范增劝他应该建都咸阳，因为这里地势险要，坐拥关内，进可以攻，夺取天下；退可以守，蓄势再发。可是项羽不听，他说："富贵不归故乡，如衣锦夜行，谁知之者！"这句话的意思是，富贵后不回故乡，就像身穿锦绣在夜间行走一样，没有人能看见，太遗憾了，表明了他非要回故里炫耀的决心。

后来，项羽分封十八路诸侯，自己称为"西楚霸王"，选择了在故乡彭城定都，实现了他心目中衣锦还乡的梦想。这样做的结果就是，刘邦平定三秦，雄踞关中，并且最终统一天下。

今天，我们用"衣绣夜行""衣锦夜行""夜行披绣""锦绣夜行""夜绣行""宵锦"等词语表示不能向人显示荣华富贵；又用"衣锦还乡""锦衣还里""衣锦还""锦还""衣锦昼游""锦衣行昼""昼锦""昼绣"等指富贵后回乡，表示炫耀富贵荣华。

 延伸拓展

汉　服

全称是"汉民族传统服饰"，又称汉衣冠、汉装、华服，是从先秦到公元 17 世纪中叶（明末清初），在汉族的主要居住区，以"华夏-汉"文化为背景和主导思想，以华夏礼仪文化为中心，通过自然演化而形成的具有独特汉民族风貌、明显区别于其他民族的传统服装和配饰体系。汉服影响了整个汉文化圈，亚洲各国，如日本、朝鲜、越南、蒙古、不丹等国的部分民族服饰均具有或借鉴汉服特征。

 融通运用

1. 背诵补充的诗句名言。
2. 描红：衣、裳、裙、裾。

衣	衣	衣					裳	裳	裳			

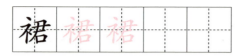 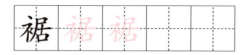

3. 了解汉服的特点。

4. 巧填人体器官的名称，将词语补充完整。

三（　　）六臂　　　　（　　）是心非　　　　画龙点（　　）

昂首挺（　　）　　　掩（　　）盗铃　　　出人（　　）地

第十一章　玉盘珍馐，佳肴酒肉
——食

 经典溯源

【原文】

pán yǒu yáo hé　zhuàn yǒu shān hūn　cuì fǔ zǐ tuó　yù pán sù lín
盘有肴核，馔有膻荤。翠釜紫驼，玉盘素鳞。

（《名物蒙求》）

jiǔ xì dù kāng suǒ zào　fǔ nǎi huái
酒系杜康所造，腐乃淮

nán suǒ wéi　ān bù kě yǐ dàng chē
南所为。安步可以当车，

wǎn shí kě yǐ dàng ròu
晚食可以当肉。

（《幼学琼林》）

【释读】

　　高脚盘里盛有精美的菜品和果品，人吃的食物中包括荤腥佳肴。名贵的紫驼峰在青色陶器里煮着，鲜鱼在水晶盘里放着。

　　酒是杜康发明酿造的，豆腐是西汉淮南王刘安发明的。安详稳健地走路，就当作是坐车；等肚子饿了再吃，吃什么东西都相当于吃肉。

 识文解字

1. 酒 jiǔ："酒，就也。所以就人性之善恶。"——《说文》
　　含义：酒作为一种富含酒精的饮料，可以使人兴奋乃至迷醉，最能表现出个人的性情。

2. 肉 ròu：“肉，裁（zì）肉。”——《说文》
含义：肉的意思是供食用的动物肉。

3. 荤 hūn：“荤，臭菜也。”——《说文》
含义：指葱蒜之类有特殊气味的菜。

4. 素 sù：“素，白致缯也。”——《说文》
含义：素的意思是白而细密的生帛，本色的生帛。

 诗里风物

1. 慨当以慷，忧思难忘。何以解忧，唯有
杜康。

——《短歌行》（东汉·曹操）

2. 朱门酒肉臭，路有冻死骨。

——《自京赴奉先县咏怀五百字》（唐·杜甫）

3. 明月几时有？把酒问青天。

——《水调歌头·明月几时有》（宋·苏轼）

成语故事

1. 嗟（jiē）来之食

齐国有一年发生了严重的饥荒，粮食减产，老百姓都饿得一个个瘦骨嶙峋，气息奄奄，快要无法生存了。有一个叫黔敖的人，在路边准备好饭食，做出一副慈善家的样子，等着那些路过的饥饿的人来吃他准备的饭食。

这一天黄昏，天色昏暗，寒风四起，路途上卷起了漫漫黄沙。只见有个衣衫破烂、面黄肌瘦的人用衣袖蒙着脸，拖着沉重的步伐，两眼昏昏无神、跌跌撞撞地朝黔敖走来。

黔敖看到这个人可怜的样子，觉得施展自己爱心的时刻到了，于是左手端着食物，右手端着汤，威风凛凛地对他说道："喂！来吃吧！"那副骄傲的模样，仿佛只有他才是能够拯救全世界的人。

那个饥民听到这样的吆喝，抬起沉重的头看着他，声音虽然很轻，语气却非常坚定地说："我正因为不吃别人施舍的食物，才落得现在这个地步！"说完，立即转过身去，朝另外的方向前行。

黔敖这才意识到刚才自己的言行伤害了这位饥民的自尊心，于是赶紧追上前去，边跑边向他道歉，说："对不起，对不起，我是好心让你来吃点东西，请你不要拒绝啊！"

这位饥民虽然已经饿得东倒西歪，但他仍然坚持不接受黔敖这种带有侮辱性的施舍，最终饿死了。

"嗟来之食"今天多用来指侮辱性的施舍和用不正当的手段获得的财富。

2. 顾荣施炙

西晋末年，顾荣在洛阳的时候，曾经应人邀请赴宴。这天的宴席上，摆满了各种美味佳肴，盛满了美酒琼浆。客人和主人推杯换盏，相谈甚欢。

这时候，一个佣人盛着一盘刚刚烤熟的羊腿端到了顾荣的面前，羊腿的香味阵阵扑鼻，顾荣发现站在身边的这个仆人咽了咽口水，脸上显露出想吃烤肉的神情，但还是毕恭毕敬地把烤肉端到了他的面前。顾荣心想：我们倒是吃得酒足饭饱了，可这些仆人忙着照顾我们，估计还没有来得及吃上一口饭吧？现在都这么晚了，肯定饿坏了。

于是，他立即放下筷子，停下吃肉，把自己面前的那一份盛给了这位佣人。佣人感到非常意外，但又非常感激，连忙接下了这盘肉。同座的人都讥笑顾荣，说："这是个仆人，你怎么能把烤肉施舍给他呢？"

顾荣感慨地说："正因为这是个仆人，成天端着烤肉，但却从来没有机会尝到烤肉的滋味，怎能让成天端着烤肉的人不知肉味呢？"

不久以后，顾荣遇上战乱过江避乱，每逢遇到危急，常常有一个人在身边保护自己。顾荣觉得很奇怪，想不通这个陌生人为什么要时刻保护自己。便拉着他悄悄询问原因。

这个人先是向顾荣三叩首，深深鞠躬，然后充满感激地告诉顾荣："当初的酒席上，就是您赐予了我一盘烤肉，让我这个盛了三年烤肉却从来没有吃过一口的人第一次知道了烤肉的滋味，当时我就感动得无以言表。你真是一个体恤下人、肯为别人着想的好心人啊！今天终于有机会报答你啊！"

这个成语告诉我们善有善报的道理。有时候我们帮助别人，就是在帮助我们自己。

 ## 延伸拓展

饕餮（tāo tiè）的故事

"饕餮"是传说中龙的第五子，是一种想象中的神秘怪兽。古书《山海经》介绍其特点是：羊身，眼睛在腋下，虎齿人爪，有一个大头和一个大嘴，十分贪吃，见到什么吃什么，由于吃得太多，最后被撑死。

融通运用

1. 背诵补充的诗句名言。

2. 描红：酒、肉、荤、素。

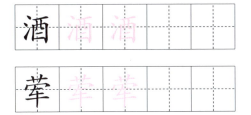

3. 了解一道你最喜欢的菜的制作过程，并有条理地将它口述给父母或老师听。

_____

_____

4. 快乐阅读。

　　清晨，小刺猬去森林里采果子。

　　在小路边，他看见一只小獾在学做木工。小獾已经做成了三个小板凳。板凳做得很粗糙。但是看得出，他做得很认真。

　　小刺猬走到小獾身边，拿起板凳仔细地看了看。他对小獾说："你真能干，小板凳做得一个比一个好！"

（1）短文一共有_____个自然段。

（2）第二自然段有_____句话。

（3）写出下面两个句子中画横线的词语的反义词。

　　A. 板凳做得很<u>粗糙</u>。（　　　　　）

　　B. 他做得很<u>认真</u>。（　　　　　）

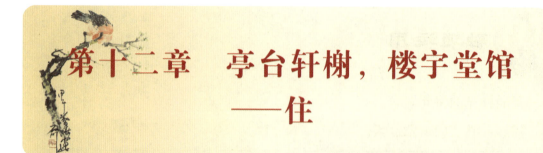

第十二章 亭台轩榭，楼宇堂馆
——住

 经典溯源

【原文】

hù shàn wéi fēi　hù běn wéi shū　nèi qǐn yuē shì　wài qǐn yuē táng
户扇 为扉，户本 为枢。内寝 曰室，外寝 曰堂。

mén cè wéi shú　liǎng wǔ wéi xiāng
门 侧 为塾，两庑 为厢。

jì tuō wéi lú　jū tǔ wéi shè　lěi tǔ wéi tái　yǒu wū yuē xiè
寄托 为庐，居土 为舍。累土 为台，有屋 曰榭。

zhōu yuán yuē yuàn　táng qián wéi tíng　kè shè yuē guǎn　tíng zhǐ yuē
周 垣 曰院，堂 前 为 庭。客舍 曰馆，停止 曰

tíng
亭。

(《名物蒙求》)

【释读】

门扇叫"扉"（门扉），门扇的转轴叫"枢"（户枢），寝卧的房间叫"室"（内室），接遇的房间叫"堂"（厅堂），大门两侧的房间叫"塾"（门塾），正房两边的房间叫"厢"（厢房）。

临时居住的房子叫"庐"（草庐），长期定居的房子叫"舍"（屋舍）。堆土筑成的高处叫"台"（高台），台上有屋叫"榭"（水榭）。四

周有围墙的叫"院"（宅院），正堂前面的空间叫"庭"（门庭）。专供往来过客居住的房子叫"馆"（宾馆），停歇休息的建筑叫"亭"（亭子）。

 识文解字

1. 室 shì："室，实也。"——《说文》
   含义：室就是内室，房间。

2. 堂 táng："堂，殿也。"——《说文》
   含义：堂就是殿堂，指前室；正厅。

3. 户 hù："户，护也。半门曰户。"——《说文》
   含义：防护用的单扇的门。

4. 门 mén："门，闻也。从二户。"——《说文》
   含义：门的意思是房屋、院落或城垣内外相闻的出入口。门是双扇的。

 诗里风物

hù tíng wú chén zá   xū shì yǒu yú xián
1. 户 庭 无 尘 杂，虚 室 有 余 闲 。

guī yuán tián jū
——《归 园 田 居》（晋·陶渊明）

tái hén shàng jiē lǜ   cǎo sè rù lián qīng
2. 苔 痕 上 阶 绿，草 色 入 帘 青 。

lòu shì míng
——《陋 室 铭 》（唐·刘禹锡）

jiù shí wáng xiè táng qián yàn　　fēi rù xún cháng bǎi xìng jiā
3. 旧时 王 谢 堂 前 燕，飞入寻 常 百 姓 家。

wū yī xiàng
——《乌 衣 巷 》（唐·刘禹锡）

成语故事

1. 爱屋及乌

商朝有个国君叫纣王，他非常残暴，对百姓们很不好。后来，周武王带着军队把纣王打败了，建立了周朝。对于怎样处置商朝遗留下来的权臣贵族、官宦将士，能不能使局面稳定下来，周武王心里还没有谱。因此，为了稳定局势、巩固政权，周武王把姜太公、召公和周公叫来，询问他们如何治理臣民。

姜子牙首先发言说："我曾经听说过这样两句话，如果你爱那个人，就连他屋顶上的乌鸦都爱；如果你憎恨那个人，就连带夺来他的仆从家吏，全部杀尽，让他们一个也不留。您看怎样？"

召公考虑了一下，说："有罪的就杀掉，没有罪的就让他们继续做官吧。"

周公听完大家的意见，沉稳地说："我看，还是让他们回到自己家里耕地吧。"

武王很同意周公的意见，于是把抓来的人都放回家种田了。从此，武王非常爱自己国家的人民，国家变得非常安定。

"爱屋及乌"比喻爱一个人而连带地关爱与他（她）有关系的人或物。说明一个人对另一个人（或事物）的关爱到了一种盲目热衷的程度。

2. 门庭若市

战国时齐国的相国邹忌，身材高大、容貌英俊。他为了避免齐威王受到臣子的蒙蔽，给齐威王讲了一段自己的亲身经历。

一天早晨，他穿好朝服，戴好帽子，对着镜子端详了一番后，问妻子："夫人，我和城北的徐公相比，谁更英俊呢？"妻子满眼含笑地看着他，毫不迟疑地说："您英俊极了，徐公怎么比得上您呢？"要知道，徐公是齐国著名的美男子，邹忌听到这个回答，心里虽然很高兴，但还是半信半疑。

于是他转身来到侍妾的房间，又拿同样的问题去问侍妾。侍妾看着仪表堂堂、穿戴整齐的邹忌，头也没敢抬地说："您高大帅气，仪表过人，徐公怎能比得上您呢？"邹忌听了哈哈大笑，未置可否地走出门去。

过了一会，有个客人来家里拜访邹忌，邹忌再次问他这个问题，客人更是连声称赞邹忌是美男子，并拍着胸口表示徐公远远比不上邹忌。

不久，邹忌碰见了徐公，暗暗观察，细细打量，他认为，平心而论，自己比起徐公来确实相差太远。

故事讲到这里，邹忌严肃地对齐威王说："我明明不如徐公英俊，但我的妻妾和客人都说我更漂亮。为什么会这样呢？是因为妻子偏爱我、侍妾畏惧我、客人有求于我啊！我们齐国地方这么大，宫里的妃嫔谁不偏爱您？满朝文武谁不畏惧您？全国百姓谁不希望得到您的关怀？恭维您的人一定会更多，看来您被蒙蔽得不浅啊！如果大王能开诚布公地征求意见，一定对国家有利。"

齐威王听了这样的劝谏，觉得很有道理。于是下令：能当面指出寡人过错的人受上等奖赏，上呈奏书劝谏寡人的人受中等奖赏，能够在市集街巷中议论寡人的过错传到寡人的耳朵里的人受下等奖赏。政令一公布，前去进谏的人每天川流不息，朝廷门口每天都好像集市一样热闹。

"门庭若市"这个成语，今天用来形容来的人很多，非常热闹。

 延伸拓展

登堂入室

《论语·先进》："（仲）由也升堂矣；未入于室也。"孔子说子路（字仲由），进入了堂屋里，却没有进入居室内。意思是说子路这是获知了表面的学问，却没有领会内涵和深意。

 融通运用

1. 背诵补充的诗句名言。

2. 描红：堂、室、门、户。

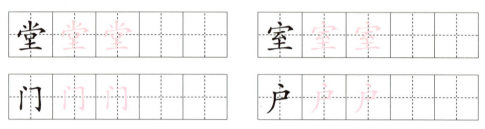

3. 设计一栋你理想中的房屋，用彩笔把它绘制下来。

4. 连词成句。

　　（1）小白兔　　录取了　　宣布　　台长　　被

　　_____

　　（2）小白兔　　地上　　一块　　有　　看见　　果皮

　　_____

　　（3）果皮　　就是　　门口　　考题　　的

　　_____

第十三章　喜怒哀乐，笑口常开
——情绪

 经典溯源

【原文】

wú yán yuē　jiān mò　　xī nù yuē　jì wēi　　chóu shēn yuē　qiè

无言曰"缄默"，息怒曰"霁威"。仇深曰"切

chǐ　　rén xiào yuē　jiě yí

齿"，人笑曰"解颐"。

dà xiào yuē　jué dǎo　　zhòng xiào yuē　hōng táng　　rén wēi xiào

大笑曰"绝倒"，众笑曰"哄堂"。人微笑

yuē　wǎn ěr　　yǎn kǒu xiào yuē　hú lú

曰"莞尔"，掩口笑曰"胡卢"。

（《幼学琼林》）

【释读】

一句话不说叫"缄默"，平息愤怒叫"霁威"。仇恨非常深，形容为"切齿"；展开笑容，称为"解颐"。

开怀大声笑，身体前后晃动，称作"绝倒"；在场的人一起笑出声来，称为"哄堂"。微微露出笑容，称作"莞尔"；用手掩着嘴笑，叫作"胡卢"。

 识文解字

喜

1. 喜 xǐ："喜，乐也。"——《说文》

含义：喜的意思是快乐、喜悦。

2. 怒 nù："怒，恚也。"——《说文》

含义：发怒，明显地表形于外的生气。

3. 哀 āi："哀，闵也。"——《说文》

含义：哀的意思是怜悯。

4. 乐 yuè："五声八音总名。"——《说文》

含义：乐是音乐的总名。引申为"哀乐（lè）"之"乐"，喜悦，愉快。

诗里风物

chōu dāo duàn shuǐ shuǐ gèng liú　　jǔ bēi xiāo chóu chóu gèng chóu
1. 抽 刀 断 水 水 更 流，举 杯 消 愁 愁 更 愁。

xuān zhōu xiè tiǎo lóu jiàn bié jiào shū shū yún
　　　　——《宣 州 谢 朓 楼 饯 别 校 书 叔 云》（唐·李白）

què kàn qī zǐ chóu hé zài　　màn juàn shī shū xǐ yù kuáng
2. 却 看 妻 子 愁 何 在，漫 卷 诗 书 喜 欲 狂。

wén guān jūn shōu hé nán hé běi
　　　　——《闻 官 军 收 河 南 河 北》（唐·杜甫）

nù fà chōng guān　　píng lán chù　　xiāo xiāo yǔ xiē
3. 怒 发 冲 冠，凭 栏 处，潇 潇 雨 歇。

mǎn jiāng hóng
　　　　——《满 江 红》（宋·岳飞）

sǐ qù yuán zhī wàn shì kōng　　dàn bēi bú jiàn jiǔ zhōu tóng
4. 死 去 元 知 万 事 空，但 悲 不 见 九 州 同。

shì ér
　　　　——《示 儿》（宋·陆游）

成语故事

1. 春风得意

"春风得意"的意思是：和暖的春风很适合人的心意，出自唐代著名诗人孟郊的七言绝句《登科后》：

"昔日龌龊（wò chuò）不足夸，今朝放荡思无涯。春风得意马蹄疾，一日看尽长安花。"

这首诗的意思是：以往在生活上的困顿与思想上的局促不安再也不值得一提了，今朝金榜题名，终于扬眉吐气，自由自在，真是说不尽的畅快。得意洋洋，心花怒放，便迎着春风策马奔驰于鲜花烂漫的长安道上。

人逢喜事精神爽，此时的诗人神采飞扬，不但感到春风浩荡，天宇高远，大道平阔，就连自己的骏马也觉得四蹄生风了。偌大一座长安城，春花无数，都被他一日看尽。

诗人孟郊年轻时隐居嵩山，过着清贫闲淡的生活，在母亲的鼓励下，他多次进京赶考都没有考中，直到 46 岁时才考取进士。按照唐朝的科举制度，进士考试在秋季举行，发榜则在下一年春天。在唐代，考中进士经吏部复试后授予官职称登科。此诗命名为《登科后》，是在作者参加进士考试第二年的春天放榜后所作。此时的长安城，春风轻拂，百花绽放。再加上放榜之日作者那种神采飞扬的得意之态，从而催生了"春风得意"这样一个成语。春风是外缘，得意是内因。春风得意，既有内心的自得的喜乐，又有外在的春风的和畅，里里外外，快乐通透。

今天，"春风得意"这个成语用来形容人处境顺利，做事如意，事业有成。它的近义词有眉飞色舞、趾高气扬、喜气洋洋、志得意满、洋洋得意、自鸣得意、洋洋自得等。

2. 东施效颦（pín）

春秋时期，越国有个长相特别漂亮的美女叫施夷光，因为她住在村庄的西头，所以人们都叫她"西施"。

西施太美丽了。她就是不化妆，穿着最朴素的衣服，走到哪里也都会招人喜爱。人们都觉得她就是天上下凡的仙女。可是，西施有心口痛的病，她时常会感到自己的心口痛。

在村庄的东头，也住着一个姓施的姑娘，人们称她为"东施"。东施身材粗壮，满脸雀斑，容貌丑陋，举止粗俗。她非常羡慕西施的美丽，成天做着当美女的梦。她非常渴望了解西施，想知道西施到底美在哪里。有一天，她看到西施了。这一天，西施出去洗衣服，心口痛的病犯了，她用手轻轻地捧着胸口，微微地皱着眉头，流露出娇柔虚弱的病态。东施看到这种情形，心里想：原来西施娇媚可爱，就是因为她用手捂着胸口，皱着眉头啊！于是东施就跟着学起这个样子来了——她也捧着胸口，皱着眉头，在村里走来走去，希望别人赞扬她终于变得美丽了。

东施本来容貌就丑，再加上又皱起眉头做出病态，就更丑了。她本来身材就虎背熊腰，现在捂住了胸，就变得更加难看了。她的这副丑样子可吓坏了人们：有钱的邻居看见了，赶紧把大门关上不出门；贫穷的邻居看见了，赶紧带着妻子儿女远远地跑开了。

这个成语中的"效"，是仿效、模仿的意思；"颦"，是皱眉的意思。东施只知道西施皱着眉头好看，却不知道皱着眉头好看的原因，最终落得被人讥笑。这个成语告诉我们：盲目地模仿别人是愚蠢的，只会适得其反。

每一个人都希望自己的外形变美，这是无可厚非的。但实际上，就算在技术高度发达的今天，人要改变自己的外形，变得更加漂亮，都是有很大障碍的，更何况西施那个年代。这个故事也提出了一个问题，就是我们如何看待人的美。一个人美不美，外形美是一个方面，心灵美是另一个方面。无论如何，我们都要懂得：做任何事情，都要从自己的实际情况出发，改变可以改变的，接受不能改变的，切不可盲目模仿别人。"东施效颦"的故事表明，盲目模仿别人，其实是有巨大的风险的。

延伸拓展

梁上君子

有一个小偷在夜里偷偷进入陈寔（shí）的家里，躲在房梁上。陈寔暗中发现了，并没有惊动他，而是起来整理好衣服，把子孙召集起来，严肃地训诫他们说："人不可以不自己努力。不良之徒不一定本性是坏的，坏习惯往往由不注重品性修养而形成，最终到了这样的地步。梁上那个君子就是这样的人！"小偷大惊，从房梁跳到地上，跪拜在地，诚恳认罪。

融通运用

1. 背诵补充的诗句名言。
2. 描红：喜、怒、哀、乐。

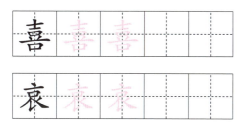

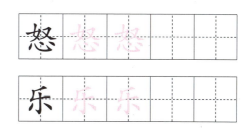

3. 仿照例子，写一写。

（1）例：当河水起波的时候，我们知道风来游戏了。

当_____的时候，我们知道_____。

（2）例：我在池塘里睡觉，在小溪里散步。

_____在_____，在_____。

第十四章　能言善辩，辞令得体
——言辞

 经典溯源

【原文】

qǐng rén yuǎn guī yuē　xǐ chén　xié jiǔ sòng xíng yuē　zǔ jiàn
请人远归曰"洗尘"，携酒送行曰"祖饯"。

xiāng shí wèi zhēn　yuē　bàn miàn zhī shí
相识未真，曰"半面之识"；

bù qī ér huì　yuē　xiè hòu zhī yuán
不期而会，曰"邂逅之缘"。

dēng lóng mén　dé cān míng shì
"登龙门"，得参名士；

zhān shān dǒu　yǎng wàng gāo xián
"瞻山斗"，仰望高贤。

（《幼学琼林》）

【释读】

　　宴请出远门归来的人，叫"洗尘"；带着酒为出门的人送行，称"祖饯"（饯行）。认识了，但并不很熟悉，叫"半面之识"；没有约定，却意外碰面，称"邂逅之缘"。"登龙门"，这是指能够有机会去参拜有名望的人；"瞻山斗"，这是说像瞻望泰山和北斗那样景仰钦慕德高望重的贤达。

识文解字

1. 言 yán："直言曰言。"——《说文》
   含义：直接说出来。

2. 辞 cí："辞，讼也。"——《说文》
   含义：诉讼，打官司。

3. 饯 jiàn："饯，送去食也。"——《说文》
   含义：设酒食送行。

4. 贤 xián："贤，多才也。"——《说文》
   含义：多才。

诗里风物

wéi rén xìng pì dān jiā jù   yǔ bù jīng rén sǐ bù xiū
1. 为人性僻耽佳句，语不惊人死不休。
            jiāng shàng zhí shuǐ rú hǎi shì liáo duǎn shù
        ——《江 上 值水如海势聊 短 述》(唐·杜甫)

liáng yán yí jù sān dōng nuǎn   è yǔ shāng rén liù yuè hán
2. 良 言一句三冬 暖 ，恶语 伤 人六月寒。
                              mín jiān sú yǔ
                            ——民 间俗语

1. 晏子使楚

晏子将要出使楚国。楚王听到这个消息，对手下的人说："晏婴是齐国的善于言辞的人，现在将要来了，我想羞辱他，用什么办法呢？"左右的人回答说："在他来的时候，请允许我们绑一个人从大王您面前走过。大王问，'这是什么国家的人？'我们会回答说，'是齐国人。'大王说，'他犯了什么罪？'我们说，'犯了偷窃罪。'"

晏子到了，楚王赏赐酒给晏子。酒喝得正高兴的时候，两个官吏绑着一个人走到楚王面前。楚王问："绑着的人是什么国家的人？"近侍回答说："他是齐国人，犯了偷窃罪。"

楚王瞟着晏子说："齐国人本来就善于偷窃吗？"晏子站起来回答说："我听说这样的事：橘子生长在淮河以南就是橘子，生长在淮河以北就变成枳了，橘和枳只是叶子的形状相像，它们果实的味道大不同。这样的原因是什么呢？是水土不同。现在老百姓生活在齐国不偷窃，到了楚国就偷窃，莫非楚国的水土使得老百姓善于偷窃吗？"楚王笑着说："圣人不是能同他开玩笑的人，我反而自讨没趣了。"

2. 舌战群儒

东汉末期，曹操挟天子以令诸侯，较有实力的军阀大都被他消灭了，唯独刘备和孙权还有发展壮大的可能。曹操自知一下子吞并这两股势力还比较难。于是，就派人拿着他的书信去东吴，想和孙权联手消灭刘备。孙权手下的谋士大都主张降曹自保，只有鲁肃主张联刘抗曹。但鲁肃自知难以说服孙权和东吴的文臣，特意请诸葛亮来当说客。

鲁肃引荐诸葛亮会见了东吴的一群谋士，这些人都不是泛泛之辈，个个都很有学问。见到诸葛亮，东吴第一大谋士张昭首先发难，说："听说刘备到你家里三趟，才把你请出山，以为有了你就如同鱼得到了水，想夺取荆襄九郡做根据地。但荆襄已被曹操得到，你还有什么主意呢？"

诸葛亮心里想，如果不先说服张昭，就没办法说服孙权联刘抗曹了。于是将将胡须，气定神闲地说："刘备如果要夺取荆襄这块地盘，本就易如反掌，只是不忍心夺取同宗的基业，才被曹操捡了便宜。现在屯兵江夏，另有宏图大计，等闲之辈哪懂得这个？国家大事，社稷安危，都要有真才实学的人拿出好主意。而口舌之徒，坐而论道，碰上事儿，却拿不出一个办法来，只能为天下人耻笑。"这样合情合理又颇具针对性的一番话，说得张昭哑口无言。

接下来，另一个谋士又问诸葛亮："曹操屯兵百万，将列千员，你说不怕，吹牛吧你？"

诸葛亮立即反唇相讥："刘备退守夏口，是等待时机，而东吴兵精粮足，还有长江天险可守，却都劝孙权降曹，丢人吧你？"

就这样，东吴的谋士一个接一个地向诸葛亮发难，先后有七人之多，个个都被诸葛亮反驳得哑口无言。

"舌战群儒"这个成语指同很多人辩论，并成功地驳倒了对方。

 延伸拓展

触龙说（shuì）赵太后

战国时期，秦国趁赵国政权交替之机大举攻赵，并已占领赵国三座城市。赵国形势危急，向齐国求援。齐国一定要赵太后的小儿子长安君为人质，才肯出兵。赵威后溺爱长安君，执意不肯，致使国家危机日深；不仅如此，她还严词拒绝任何大臣的强谏。

在如此严峻的形势下，触龙巧妙地争取到了面见太后的机会。他首先用"缓冲法"关切地询问太后的起居饮食，并与她谈论养生之道，从感情上消除了太后的逆反心理和敌对情绪，为进谏拆除了第一道屏障。

接着，触龙用"引诱法"恳切地为自己的幼子舒祺请求一份工作，想让太后产生疼爱儿子的共鸣，从而引出她的心事。这个做法果然很快就勾起了太后的爱子之情。她饶有趣味地与触龙争论谁更疼爱幼子的问题，开始毫不掩饰地向触龙袒露心迹了。

触龙抓住机会，用"激将法"指出太后疼爱自己的女儿燕后胜过长安君。这个观点立即引发了太后的反驳，认为自己肯定更爱长安君。触龙于是回顾往事，极力夸赞太后爱燕后而为之"计久长"的明智之举，以反衬出她爱长安君的"计短"。触龙认为赵太后应该像疼爱燕后那样疼爱长安君，才算爱得深远。太后听着十分顺耳，在不知不觉中已完全接受了触龙的进谏。

触龙最终彻底说服了赵威后，她同意送爱子到齐国去做人质，齐国的救兵也开始出动。赵国的危机终于解除。

 ## 融通运用

1. 背诵补充的诗句名言。
2. 描红：言、辞、饯、贤。

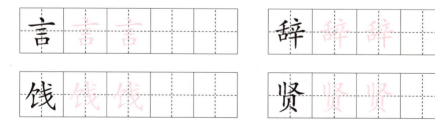

3. 收集 3 句以上在不同场合的礼貌用语，写在这里。

4. 我来加标点。

    （1）老朋友怎么能随便扔了（　　）

    （2）老朋友是不能随便扔的呀（　　）

    （3）老朋友不能随便扔了（　　）

    （4）老朋友能随便扔了吗（　　）

第十五章　志趣相投，生死相知
——交友

经典溯源

【原文】

xīn zhì xiāng fú wéi　　mò nì　　lǎo yòu xiāng jiāo yuē　　wàng nián
心 志 相 孚 为 "莫 逆"，老 幼 相 交 曰 "忘 年"。

yǔ shàn rén jiāo　　rú rù zhī lán zhī shì　　jiǔ ér bù wén qí xiāng
与 善 人 交，如 入 芝 兰 之 室，久 而 不 闻 其 香；

yǔ è rén jiāo　　rú rù bào yú zhī sì　　jiǔ ér bù wén qí chòu
与 恶 人 交，如 入 鲍 鱼 之 肆，久 而 不 闻 其 臭 。

（《幼学琼林》）

【释读】

心意相合的朋友称"莫逆之交"；老幼成为朋友叫"忘年之交"。和好人交朋友，如同进入有灵芝兰花的屋子，久而久之就闻不到它的香味了；与坏人交朋友，如同进入鲍鱼市场，久而久之就闻不到它的臭味了。

识文解字

1. 交 jiāo："交，交胫（jìng）也。"——《说文》
   含义：交的意思是小腿相交叉。

2. 友 yǒu："友，同志为友。"——《说文》
   含义：友就是志向相同的人。

3. 善 shàn："善，吉也。"——《说文》

含义：吉祥。

4. 恶 è："恶，过也。"——《说文》

含义：过失。

诗里风物

hǎi nèi cún zhī jǐ   tiān yá ruò bǐ lín
1. 海 内 存 知 己 ， 天 涯 若 比 邻 。

sòng dù shào fǔ zhī rèn shǔ zhōu
——《 送 杜 少 府 之 任 蜀 州 》(唐·王勃)

táo huā tán shuǐ shēn qiān chǐ   bù jí wāng lún sòng wǒ qíng
2. 桃 花 潭 水 深 千 尺 ， 不 及 汪 伦 送 我 情 。

zèng wāng lún
——《 赠 汪 伦 》(唐·李白)

成语故事

1. 管鲍之交

从前齐国有一对很要好的朋友，一个叫管仲，另外一个叫鲍叔牙。年轻的时候，管仲家境贫困，又要奉养老母，鲍叔牙知道后，就找他一起做生意。因为管仲没有钱，所以本钱几乎都是鲍叔牙出的。等到他们赚了钱，管仲来分钱，给自己分得多，给鲍叔牙分得少。鲍叔牙却一直待他很好，不生任何怨言。

管仲和鲍叔牙一起出外打仗，每次进攻时，管仲都躲在后面，于是有人背后议论说："这个管仲，真是贪生怕死啊。"鲍叔牙马上解释说："你们误会他了，管仲不是怕死，他是要留着他的命回去照顾老母亲啊。"管仲知道后，眼含热泪，非常感激地说："生我的是父母，懂我的却是鲍叔牙啊。"

后来齐国国君死了，鲍叔牙预感齐国会发生内乱，就跟着他服侍的齐国公子小白，逃到了莒（jǔ）国。管仲则跟着他服侍的公子纠逃到了鲁国。后来，齐国果然发生了内乱，管仲想杀掉公子小白，好让公子纠当上国君。可是，在暗算公子小白的时候，他的箭刚好射到了公子小白的带钩上，公子小白没有死。后来公子小白和鲍叔牙比公子纠和管仲先回到齐国，于是公子小白当上了齐国的国君。

公子小白当上国君后，打算封鲍叔牙为宰相，鲍叔牙就向他举荐管仲，说："管仲在能力、胆识等各方面都比我强，应该让他来当宰相。"公子小白生气地说："他是我的仇人，你却让他来当宰相？"鲍叔牙解释道："这不能怪他，在当时的情况下，他只能帮助他的主人啊！"于是公子小白采纳了鲍叔牙的建议，请来管仲当宰相。公子小白就是后来的齐桓公。

管仲上任以后，在齐国掌理政事，齐桓公因此而称霸，多次召集诸侯会盟，匡正天下，都是采用了管仲的谋略。鲍叔牙荐举了管仲之后，甘心位居管仲之下。

后来，大家就用"管鲍之交"来称赞朋友间纯洁、美好的友谊。

2. 负荆请罪

战国时，赵国有两个才能出众的大臣，一个叫廉颇，一个叫蔺相如。有一次，赵国在秦国的逼迫下，让蔺相如带着赵国的宝物——和氏璧到秦国去，在非常危急的情况下，蔺相如见机行事，胆识过人，最终让和氏璧完好无损地回到了赵国，立了大功。后来赵王封他为上卿，他的地位比廉颇高。

廉颇很不服气，心想：气死我了，我是赵国将军，有攻城野战的大功，而蔺相如只不过耍耍嘴皮子立了点功。他又没有什么真本事，竟然爬到我头上来了！廉颇扬言说："我如果遇见了蔺相如，一定要羞辱他。"蔺相如听到后，就处处让着他，尽量不和他见面。一次，蔺相如坐着马车外出，远远看到廉颇，赶紧叫车夫掉转车子，绕道而行。

蔺相如的门客看到了，又生气又奇怪，跑来进谏说："大人，我们之所以离开父母大老远跑来投靠您，就因为您是勇敢无畏的大英雄。可您对廉将军怕成这样子，我们怎么忍得下这口气啊！我们准备离开您了。"蔺相如摇了摇头，笑着说："秦王那么厉害，我都不怕，我怎么会怕廉将军呢？只是我想，现在秦国之所以不敢攻打赵国，就是因为忌惮我和廉将军。如果我们

闹翻了，不正好给秦国一个机会吗？我这样忍让，是为了要把国家的急难摆在首位，把个人的恩怨放在次位啊。"

蔺相如的话传到了廉颇的耳朵里，廉颇越想越惭愧。他觉得自己为了争一口气，就不顾国家的利益，做得太过分了，便决定去给蔺相如道歉。于是，他脱下战袍，背上荆条，到蔺相如府上请罪。蔺相如见廉颇来请罪了，连忙热情地出来迎接。从此以后，他们俩成了好朋友，同心协力保卫赵国。

这个成语用来形容主动向人认错、道歉，给予自己严厉责罚，也表示向人认错赔罪。

 延伸拓展

朋友的几种别称

1. 一面之交：相逢一面，交情很浅的朋友。

2. 莫逆之交：彼此心意相通、情投意合、友谊深厚的朋友。也作"莫逆交"。

3. 刎颈之交：可共生死患难的朋友。

4. 金石之交：友情深厚如同金石般坚固的朋友。也作"金石交"。

5. 金兰之交：交谊深厚、心心相印的朋友。

6. 忘年之交：彼此忘记年岁的长幼，而以才能德行为主相交往的朋友。

7. 患难之交：同在一起经历过忧患、困难的朋友。

8. 君子之交：不计功名利禄，以声气相求、道德相期的朋友。

 融通运用

1. 背诵补充的诗句名言。

2. 描红：交、友、善、恶。

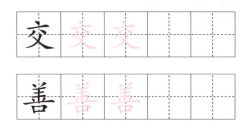 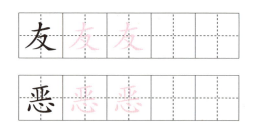

3. 想一想，写一写。

你最要好的朋友是谁呢？她（他）跟你是什么关系呢？用一个什么词语来表达你们之间的交情呢？

_____

_____

_____

附录

参考答案

第一章　山峦

4. 快乐阅读。

（1）红的如火，粉的似霞，白的像雪。

（2）黄色、枯黄、红艳、绿色等。

第二章　水流

4. 快乐阅读。

（1）4。

（2）茂密的枝叶；绿色的凉棚。

（3）红的、白的、紫的、暗红的、淡绿的。

（4）秋天（季）。

第三章　田园

4. 选字填空：问，闻，闭，间，闭，闲。

第四章　花木（一）

4. 读一读，填一填。

（1）飘、流、游、种、结、挂。

（2）蓝蓝的、白、红红的、黄澄澄的。

（3）7。

第五章　花木（二）

4. 仿照例子写一写。

解析：

从例子中可以看出，第一句是"谁在干什么"，第二句比第一句多了一个地点，第三句是在第二句的基础上加上时间。这样，会具体地体现"什么时候，谁在什么地方干什么"。仔细观察之后，再仿照例子做题。

第六章 花木（三）

4. 读一读，填一填。

（1）修长、青翠；（2）梅兰竹菊，松竹梅。

第七章 士农工商，各有所业——职业

4. 根据提示写留言条。

爸爸、妈妈：

　　我放学回家后，你们都不在，我饿了，就去奶奶家吃饭了。如果你俩回来得早，就去接我，回来得晚的话，我就在奶奶家睡了，明早我自己去上学。

儿子小元

11月4日

解析：

（1）注意留言条的格式。（2）要根据所给材料中的内容去写。

第八章 扁舟短棹，浪桨烟篙——器物（一）

4. 快乐阅读。

（1）月光下面。

（2）原来，是墙上有一个小洞，隔壁邻居家点蜡烛的光亮透了过来。

解析：

（1）从第一自然段第三、四句可知道答案。

（2）短文第二自然段讲明了匡衡"偷光"的过程，从中可以知道这光的来源。

第九章 茶灶丹炉，金鼓铙镯——器物（二）

4. 快乐阅读。

（1）4，太阳，虹。

（2）太阳摇摇头，躲到云背后去了。

（3）示例：你不应该骄傲，要谦虚。

解析：

文章最后一个自然段中写道："太阳摇摇头，躲到云背后去了，刚才还在得意的虹立刻就不见了。"由此可以判断出虹不见了的原因。

第十章　衣裳裙裾，布衫华服——衣

4. 巧填人体器官的名称，将词语补充完整。

头，口，睛，胸，耳，头。

第十一章　玉盘珍馐，佳肴酒肉——食

4. 快乐阅读。

（1）3；（2）4；（3）A. 精致；B. 马虎。

解析：

"粗糙"指"（工作等）草率，不细致"。"精致"的意思是"精巧细致"。所以，它们是一对反义词。"认真"指"严肃对待，不马虎"。所以和它意思相反的词就是"马虎"。

第十二章　亭台轩榭，楼宇堂馆——住

4. 连词成句。

（1）台长宣布小白兔被录取了。

（2）小白兔看见地上有一块果皮。

（3）门口的果皮就是考题。（考题就是门口的果皮）

第十三章　喜怒哀乐，笑口常开——情绪

3. 仿照例子，写一写。

（1）花儿点头，风从这儿路过了。

（2）小明，学校学习，家里玩要。

第十四章 能言善辩，辞令得体——言辞

4. 我来加标点。

(1) ？　(2) ！　(3) 。　(4) ？

第十五章 志趣相投，生死相知——交友

3. 想一想，写一写。

示例：

小明，同学，君子之交。

万方名物

下册

冯胜兰 秦菁 编著

四川大学出版社

目录

CONTENTS

万方名物（下册）

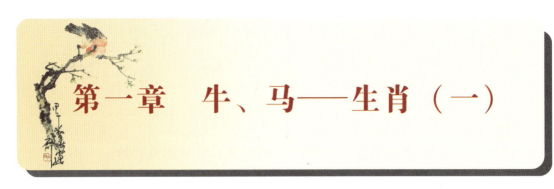

第一章　牛、马——生肖（一）

 经典溯源

【原文】

lù ěr huá liú　liáng mǎ zhī hào　tài láo dà wǔ　nǎi niú zhī chēng
骐骥骅骝，　良马之号；太牢大武，乃牛之 称 。

（《幼学琼林》）

【释读】

骐骥、骅骝，都是良马的称号；太牢、大武，都是祭祀用的牛的名称。

 识文解字

 1. 生 shēng："生，进也。"——《说文》

含义：生的意思是进一步长出；生长。

2. 肖 xiào："肖，骨肉相似也。"——《说文》

含义：肖的意思是此人和彼人骨肉长得相似，即相貌相似。

3. 牛 niú："牛，大牲也。"——《说文》

含义：牛是牺牲（祭祀用的牲畜）中体型最大的。

4. 马 mǎ："象马头髦尾四足之形。"——《说文》

含义：象形字。字形中包括马头、鬃毛、尾巴、四足。

 诗里风物

lǎo jì fú lì   zhì zài qiān lǐ   liè shì mù nián   zhuàng xīn bù yǐ
1. 老骥伏枥，志在千里。烈士暮年，壮心不已。

guī suī shòu
——《龟虽寿》（东汉·曹操）

cǎo kū yīng yǎn jí   xuě jìn mǎ tí qīng
2. 草枯鹰眼疾，雪尽马蹄轻。

guān liè
——《观猎》（唐·王维）

pēng yáng zǎi niú qiě wéi lè   huì xū yì yǐn sān bǎi bēi
3. 烹羊宰牛且为乐，会须一饮三百杯。

qiāng jìn jiǔ
——《将进酒》（唐·李白）

héng méi lěng duì qiān fū zhǐ   fǔ shǒu gān wéi rú zǐ niú
4. 横眉冷对千夫指，俯首甘为孺子牛。

zì tí xiǎo xiàng
——《自题小像》（鲁迅）

1. 庖丁^①解牛^②

有一个名叫丁的厨师替文惠君宰牛。他的手所接触的地方，肩所靠着的地方，脚所踩着的地方，膝所顶着的地方，都发出骨肉分离的声音，刀子刺进去时响声更大，这些声音没有不合乎音律的。它竟然同《桑林》《经首》两首乐曲伴奏的舞蹈节奏合拍。

文惠君说："嘻！好啊！你的技术怎么会高明到这种程度呢？"

庖丁放下刀子回答说："臣下所探究的是事物的规律，这已经超过了对于宰牛技术的追求。当初我刚开始宰牛的时候，对于牛体的结构还不了解，看见的只是整头的牛。三年之后，我见到的是牛的内部肌理筋骨，再也看不见整头的牛了。现在宰牛的时候，臣下只是用精神去接触牛的身体就可以了，而不必用眼睛去看，就像视觉停止活动了而全凭精神意志在活动。顺着牛体的肌理结构，劈开筋骨间大的空隙，沿着骨节间的空穴使刀，都是依顺着牛体本来的结构。宰牛的刀从来没有碰过经络相连的地方、紧附在骨头上的肌肉和肌肉聚结的地方，更何况股部的大骨呢？技术高明的厨工每年换一把刀，是因为他们用刀子去割肉。技术一般的厨工每月换一把刀，是因为他们用刀子去砍骨头。现在臣下的这把刀已用了十九年了，宰牛数千头，而刀口却像刚从磨刀石上磨出来的一样。牛身上的骨节是有空隙的，可是刀刃却并不厚，用这样薄的刀刃刺入有空隙的骨节，那么在运转刀刃时一定宽绰而有余地了，因此用了十九年而刀刃仍像刚从磨刀石上磨出来一样。虽然如此，可是每当碰上筋骨交错的地方，我一见那里难以下刀，就十分警惧而小心翼翼，目光集中，动作放慢。刀子轻轻地动一下，哗啦一声骨肉就已经分离，像一堆泥土散落在地上了。我提起刀站着，为这一成功而得意地四下环顾，一副悠然

---

① 庖（páo）丁：名丁的厨工。先秦普通人没有姓氏，古书往往以职业放在人名前。
② 解牛：宰牛，这里指把整个牛体开剥分剖。

自得、心满意足的样子。擦拭好了刀把它收藏起来。"

文惠君说："好啊！我听了庖丁的话，学到了养生之道啊。"

这个寓言故事选自《庄子·内篇·养生主》。它说明世上事物纷繁复杂，只要反复实践，掌握了它的客观规律，就能得心应手，运用自如，迎刃而解。

2. 塞翁失马

古时候，边塞有一个老头，养了一匹马，他每天精心喂养这匹马。有一天，等他去喂马的时候，发现马不见了。原来是头天晚上忘了关马圈的门，马跑掉了。周围的人知道了这件事，都以为老头会很难受，纷纷安慰他。老头却笑眯眯地说："马虽然丢了，谁知道是不是一件好事呢？"

过了几天，丢掉的马不仅自己回来了，还带回了一匹胡人的骏马。周围的人这下纷纷向老人表示祝贺，可老头却一脸严肃地说："马虽然回来了，可谁知道这是不是一件坏事呢？"

老头的独生子很喜欢骑马，发现他家的马带回来的胡人的马身材高骏、气度不凡，就常常骑着这匹马飞奔。结果有一天，不小心从马背上摔下来了，摔断了腿，落下了残疾。老头一点也不悲伤，说："孩子虽然跌断了腿，这说不定还是件好事呢。"

果然，不久，匈奴人入侵，健壮的男子们都被派到战场上去打仗，只有老头的儿子因为是个跛脚，不能上战场，因此父子俩都保全了性命。

这个故事告诉我们：面对问题，不能只看到不好的一面。"塞翁失马"今天衍生成"塞翁失马，焉知非福"，也可以说"塞翁失马，焉知非祸"，表明福和祸在一定程度上是可以相互转换的——好事有可能变成坏事，坏事也可能变成好事。当我们身处逆境的时候，要有乐观的信念；反过来，身处顺境的时候，也不能得意忘形，要有"防患于未然"的忧患意识。

延伸拓展

十二生肖

十二生肖，又叫十二属相，是与十二地支相配的十二种动物，包括鼠、牛、虎、兔、龙、蛇、马、羊、猴、鸡、狗、猪。这12种动物的顺序是怎样确定的呢？

据说轩辕黄帝要选十二种动物担任宫廷卫士，猫托老鼠报名，结果老鼠忘了，从此猫见老鼠就寻仇。原本推牛为首，没想到老鼠偷偷爬上牛背占了先机。虎和龙不服气，于是被封为山神和海神，排在牛的后面。兔子不服，要和龙赛跑，结果兔子跑到了龙的前面。狗不乐意，一气之下咬伤兔子，被罚倒数第一。蛇、马、羊、猴、鸡之间还经过一番较量，最后猪跑来占据末席。

 融通运用

1. 背诵补充的诗句名言。
2. 描红：生、肖、牛、马。

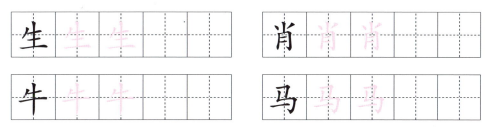

3. 了解你的生肖以及与你的生肖有关的故事。
4. 快乐阅读。

秋天到了，天气凉了，小花狗要做一件新衣服。它问老牛："做一件衣服要用多少布？"老牛说："我看要用三丈布。"

小花狗又问小花猫："做一件衣服要用多少布？"小花猫说："我看用一

尺布就足够了。"

　　小花狗又去问老山羊，老山羊用尺子仔细地为小花狗量身体，说："不是三丈，也不是一尺，而是五尺。"

（1）短文一共有_____个自然段。

（2）这个故事写了_____种动物，它们分别是_____、_____、_____和_____。

（3）我会用"不是……也不是……而是……"造句。

　　_____

　　_____

（4）对于小花狗来说，老牛、小花猫和老山羊谁说得对？为什么？

　　_____

　　_____

第二章　猪、羊——生肖（二）

 经典溯源

【原文】

yáng yuē　róu máo　　yòu yuē　　cháng rán zhǔ bù
羊曰"柔毛"，又曰"长髯主簿"；
shǐ míng　　gāng liè　　yòu yuē　　wū huì jiāng jūn
豕名"刚鬣"，又曰"乌喙将军"。

（《幼学琼林》）

【释读】

　　羊毛很柔软，所以把羊称"柔毛"；羊的胡须很长，所以又称为"长髯主簿"；猪鬃很硬，所以称作"刚鬣"；猪嘴很黑，所以叫作"乌喙将军"。

识文解字

1. 羊 yáng："羊，祥也。" ——《说文》

   含义：羊是一种家畜，古时用为牺牲，引申为吉祥。

2. 毛 máo："毛，眉发之属及兽毛也。" ——《说文》

   含义：人的眉毛、头发之类以及野兽的毛都通称为毛。

3. 豕 shǐ："豕，彘（zhì）也。" ——《说文》

   含义：豕就是猪。

4. 猪 zhū："猪，豕而三毛丛居者。" ——《说文》

   含义：猪就是一个毛孔丛生三根毫毛的豕。

诗里风物

tiān cāng cāng　　yě máng máng　　fēng chuī cǎo dī xiàn niú yáng
1. 天 苍 苍 ，野 茫 茫 。风 吹 草 低 见 牛 羊 。

chì lè gē
——《敕 勒 歌》（北朝·乐府民歌）

xiǎo chí liáo yǎng hè　　xián tián qiě mù zhū　　xiāng féng yí zuì bǎo　　dú
2. 小 池 聊 养 鹤 ，闲 田 且 牧 猪 。相 逢 一 醉 饱 ，独

zuò shù háng shū
坐 数 行 书 。

tián jiā sān shǒu
——《田 家 三 首》（唐·王绩）

mò xiào nóng jiā là jiǔ hún　fēng nián liú kè zú jī tún

3. 莫 笑 农 家 腊 酒 浑 ， 丰 年 留 客 足 鸡 豚 。

yóu shān xī cūn

——《 游 山 西 村 》 (宋·陆游)

cháng rán zhǔ bù yǒu jiā míng　fén shǒu róu máo sì xuě míng

4. 长 髯 主 簿 有 佳 名 ， 豶 首 柔 毛 似 雪 明 。

yǒng yáng

——《 咏 羊 》 (宋·文天祥)

 成语故事

1. 一龙一猪

唐代大文学家韩愈，将儿子韩符送到城南读书，韩愈给他写了一首勉励他用功读书的诗，叫《符读书城南》。诗中有这样的句子："两家各生子，提孩巧相如。少长聚嬉戏，不殊同队鱼。年至十二三，头角稍相殊。二十渐乖张，清沟映污渠。三十骨骼成，乃一龙一猪。"

大概意思是：有两户人家各生了一个儿子，长相十分相似，小时候两个小孩常在一块儿玩耍。这时的两个孩子都差不多，就像水里一群一群的鱼，看不出彼此有多大的区别。

但是，到了十二三岁的时候，孩子就冒出一点不一样的东西来了。发型、衣服、爱好、行为的差异慢慢多起来了。到了二十岁，孩子各自的性情、才华鲜明地表现出来了，他们之间的区别就很明显。就好像一潭水，水清水浊一眼即可看穿。

到了三十岁，人就定性了，这个人是一条龙，还是一头猪，就可以确定了：那好好读书的人，就像飞黄腾达的龙；而那没有本事的人，却像蠢笨无能的猪。小时候一起玩耍的两个人，人生的道路为什么会发生这么大的差异？有人成为人上人，有人成了马前卒，韩愈认为：原因在于你学习或不学习。

韩愈这首诗中表达了他对儿子的谆谆告诫和殷切期望。他用这个故事告诉儿子：只有勤学才能改变命运，读书与不读书，最后所造成的差异十分巨大，就像猪与龙的差异那样。

2. 亡羊补牢

从前有一个牧羊人，养了很多羊。每天早上放羊到山坡上吃草前，他都要数一数羊的数量。可是这一天，他数来数去，却发现少了一只羊。他气得要命，却找不到是什么原因。

就在这时，他的邻居经过，认真查看了一下他的羊圈，发现原来是羊圈破了一个窟窿，夜里有狼钻进去把羊叼走了。邻居好心好意、语重心长地劝牧羊人，说："你赶快修补一下窟窿，把洞填上吧。这样狼就不会有机会钻进来了。"

牧羊人觉得修补羊圈太麻烦了，就爱理不理地说："羊都被叼走了，还修补羊圈干嘛呢？"于是便上山放羊去了。

到了第二天早上，他在清点羊的数量时，发现又少了一只羊。这下他就更加郁闷了。原来头天夜里，因为窟窿还在，那只狼又从窟窿里钻进去，叼走了一只羊。他很后悔自己昨天没有听从邻居的劝告，意识到必须马上修补好羊圈，这样可以避免更多的羊丢失。于是，他赶紧找来工具，认认真真地把羊圈破了的地方补得严严实实。从此以后，狼再也不能钻进羊圈叼羊了，他的羊就再没丢失过一只。

这个成语中的"亡"，是"丢失"的意思；"牢"，是关牲口的圈。羊丢失以后才修补羊圈，虽然不如提前修补，但出了差错及时设法补救，总是对的。问题出现之前，就采取措施防范，这是"防患于未然"；出了问题以后想办法补救，防止继续受损失，这就是"亡羊补牢"。在我们的学习和生活中，难免会有失误，但只要能汲取教训、及时改正，就可以防止酿成大错，遭受更大的损失。

延伸拓展

苏武牧羊

西汉大臣苏武在天汉元年（公元前100年）奉命以中郎将的身份持节出使匈奴，被扣留。匈奴贵族多次威逼利诱，欲使其投降；后将他迁到北海（今贝加尔湖）边牧羊，扬言要公羊生子才释放他回国。苏武历尽艰辛，留居匈奴十九年持节不屈。至始元六年（前81年），方获释回汉。苏武去世后，汉宣帝将其列为麒麟阁十一功臣之一，彰显其节操。

融通运用

1. 背诵补充的诗句名言。
2. 描红：羊、毛、豕、猪。

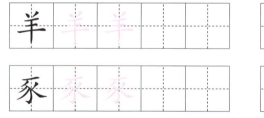

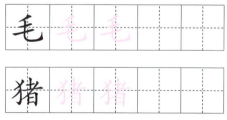

3. 快乐阅读。

骆驼和羊

骆驼长得高，羊长得矮。骆驼说："长得高好。"羊说："长得矮才好呢。"他们谁也不让谁。

他们走到一个带围墙的园子旁边，骆驼一抬头就吃到了从墙上伸出来的树叶。羊抬起前腿，把脖子伸得老长，还是吃不着。骆驼说："你看，高比矮好。"羊摇了摇头，不肯认输。

他们又走了几步，看见围墙上有个小门。羊走进门去吃园子里的草。骆驼跪下前腿，往门里钻，怎么也钻不进去。羊说："你看，矮比高好。"

骆驼摇了摇头，也不肯认输。

他们找老牛评理。老牛说："你们都只看到自己的长处，看不到自己的短处，这是不对的。"

（1）骆驼认为长得（　　　　　）好，羊认为长得（　　　　　）好。

（2）骆驼和羊去找_____评理。

（3）读了这个故事，你明白了什么道理？

_____

_____

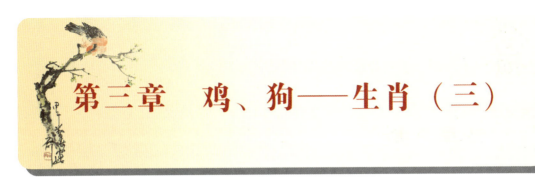

第三章　鸡、狗——生肖（三）

 经典溯源

【原文】

jī yǒu wǔ dé　　gù chēng zhī yuē　　dé qín
鸡 有 五 德，故 称 之 曰 "德 禽"；

hán lú　　chǔ guǎng　　jiē quǎn zhī míng
"韩 卢""楚 犷"，皆 犬 之 名 。

（《幼学琼林》）

【释读】

　　鸡有五种美德：头戴冠者，文也；足搏距者，武也；敌在前敢斗者，勇也；见食相呼者，仁也；守夜不失时者，信也。所以称为"德禽"。"韩卢""楚犷"，都是良犬的名称。

 识文解字

1. 鸡 jī："鸡，知时畜也。"——《说文》

   含义：鸡是知道报时的家禽。

2. 狗 gǒu：孔子曰："狗，叩也。叩气吠以守。"——《说文》

   含义：孔子说："狗就是叩。就是听到声气就吠叫，用以守御，因名为狗。"

3. 犬 quǎn："犬，狗之有县蹄者也。"——《说文》

   含义：犬是前蹄生有五趾，四趾着地，另一趾悬着不着地的狗。

4. 禽 qín："禽，走兽总名。"——《说文》

含义：走兽总名。

诗里风物

　　　gù rén jù　jī shǔ　　yāo wǒ zhì tián jiā
1. 故人具鸡黍，邀我至田家。

　　　　　　　　guò gù rén zhuāng
　　　　　　　——《过故人庄》(唐·孟浩然)

　　　tiān shàng fú yún rú bái yī　　sī xū gǎi biàn rú cāng gǒu
2. 天上浮云如白衣，斯须改变如苍狗。

　　　　　　　　kě tàn
　　　　　　　——《可叹》(唐·杜甫)

　　　chái mén wén quǎn fèi　　fēng xuě yè guī rén
3. 柴门闻犬吠，风雪夜归人。

　　　féng xuě sù　fú róng shān zhǔ rén
　　——《逢雪宿芙蓉山主人》(唐·刘长卿)

　　　tóu shàng hóng guān bú yòng cái　　mǎn shēn xuě bái zǒu jiāng lái
4. 头上红冠不用裁，满身雪白走将来。

　　　　　　　　huà jī
　　　　　　　——《画鸡》(明·唐寅)

成语故事

1. 鸡鸣狗盗

　　战国时，齐国的大贵族孟尝君家里养的食客很多，他们为主人出主意办事情。一次，秦昭王邀请孟尝君访问咸阳，秦昭王将他留下，想让他当相国。秦国的大臣纷纷反对说："这可不行，孟尝君在齐国有封地，有家人，怎么会真心为秦国办事呢？最好杀掉他。"孟尝君听说这个消息后坐卧不安，一心想着要怎么才能逃出去，离开秦国。

秦昭王有个最宠爱的妃子，妃子提的任何要求他都会答应。孟尝君想要逃命，就去求她救助。妃子答应了，条件是要得到齐国那一件天下无双的白狐裘。可是刚到秦国时，孟尝君已经把这件白狐裘献给了秦昭王。

这时，一位门客自告奋勇地说："这事好办，等到晚上我自有办法潜入秦宫，把那件白狐裘偷出来。"原来，这个门客最善于钻狗洞偷东西。他先摸清情况，知道昭王把那件狐裘放在宫中的精品贮藏室里。到了晚上他借着月光，逃过巡逻人的眼睛，轻易地钻进贮藏室把狐裘偷出来，献给了妃子。

在妃子的尽力劝说下，秦王终于答应放孟尝君回去。孟尝君带着门客连夜赶路，到达函谷关时正是半夜，函谷关的大门紧闭。原来这里有规定，每天要到早上鸡鸣以后才能开关通行。

正在焦急时刻，又有一位门客自荐道："主公不要着急，我会学鸡叫。"于是放开喉咙，喔喔喔喔地叫起来，声音跟真正的鸡叫毫无分别。鸡是只要听到第一声啼叫就立刻会跟着叫起来的，所以附近老百姓家里的鸡都跟着喔喔喔地叫起来了。守关的士兵虽然觉得奇怪，但也只得起来打开关门，放他们出去。天亮了，秦昭王得知孟尝君一行已经逃走，立刻派出人马追赶。等他们追到函谷关的时候，孟尝君早已出关多时了。孟尝君靠着鸡鸣狗盗之士的帮助，逃回了齐国。

鸡鸣狗盗，指微不足道的本领，也指偷偷摸摸的行为。但在这个故事中，紧急时刻，有些平时看来只有微不足道本领的人，却能发挥关键的作用。因此，我们不能轻视那些普通的小人物。

2. 呆若木鸡

据传，周宣王爱好斗鸡，纪子是一个有名的斗鸡专家，受命去为宣王负责饲养斗鸡。10天后，宣王催问道："训练成了吗？"纪子说："还不行，它一看见别的鸡，或听到别的鸡叫，就跃跃欲试。"又过了10天，宣王问训练好了没有，纪子说："还不行，心神还相当活跃，火气还没有消退。"再过了10天，宣王又说道："怎么样？难道还没训练好吗？"纪子说："现在差不多了，骄气没有了，心神也安定了，虽然别的鸡叫，它也好像没有听到似的，毫无所应，不论遇见什么突然的情况它都不动、不惊，看起来真像木鸡一样。这样的斗鸡，才算训练到家了，别的斗鸡一看见它，准会转身就逃，斗也不敢斗。"宣王于是去看鸡的情况，果然呆若木鸡，不为外面光亮声音所动，可是它的精神凝聚在内，别的鸡都不敢和它应战，看见它就走开了。

"呆若木鸡"本来比喻精神内敛，修养到家。

有人从中领悟出人生的大道理，认为为人处世如不断绝竞争之心，则易树敌，彼此仇视；如能消除争强好胜的冲动，沉静内里，自然会赢得竞争的胜利。

后来"呆若木鸡"的意义演变为比喻人呆木不灵、失去知觉的样子，或形容人因恐惧或惊讶而发愣的样子。

 延伸拓展

鸡犬升天

传说汉朝淮南王刘安炼丹修仙，他练成仙丹，吃了之后得道升仙，飞升上天。他家的鸡和狗吃了他洒落在院子里的仙丹，也都升了天。后来用"鸡犬升天"比喻一个人得势，和他有关系的人也随之发迹。也说"一人得道，鸡犬升天"。

 融通运用

1. 背诵补充的诗句名言。
2. 描红：鸡、狗、犬、禽。

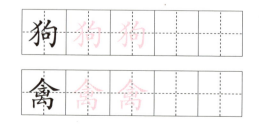

3. 了解鸡的"五德"。

4. 快乐阅读。

我的"母鸡推车"

在我七岁生日那天，姥姥送给我一个玩具——"母鸡推车"，可把我乐坏了。

这个玩具基本上是用铁皮做成的。"母鸡"真漂亮，长着一身黑白交织的毛，像穿上了一件花袄。它的尾巴真有意思，是几个红色塑料片插成的。它有一对乌黑发亮的眼睛，嘴尖尖的，黄黄的。最逗人的是母鸡的脸蛋儿上还涂了一层红色，就像为出门特意化的妆。它的两个翅膀搭在小车上，像是在推车，神气极了。

"母鸡"推的小车也很漂亮。车身上画着美丽的图案，车头还亮着两盏红灯，车厢是天蓝色的，从透明的玻璃窗里能看见鸡妈妈的两个小宝宝，一个全身金黄，一个浑身雪白。

如果想让"鸡妈妈"推着小车走起来，就得上足发条。鸡妈妈走起来嘴还一张一合的，好像在对它的小宝宝说："好孩子，别淘气，妈妈带你们到鸭姐姐家去做客。"鸡宝宝的头一点一点，像是在说："太好了！太好了！"

我可喜欢这个玩具了，天天都把它放在我床前的柜子上，每天睡觉前，我都和它玩一会儿。

(1) 根据短文内容连线。

黑白交织的   毛

美丽的   玻璃窗

透明的   图案

(2) 作者介绍母鸡时，主要介绍了它的_____、_____、_____、_____、_____、_____。

(3) 我能仿照例子写话。

例："母鸡"长着一身黑白交织的毛，像穿上了一件花袄。

_____，像_____。

(4) 用"____"画出第三自然段的中心句。

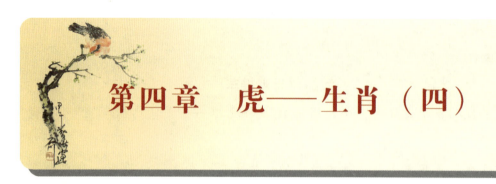

第四章 虎——生肖（四）

 经典溯源

【原文】

hú jiǎ hǔ wēi　　wèi jiè shì ér wéi è
"狐假虎威"，谓借势而为恶；

yǎng hǔ yí huàn　　wèi liú huò zhī zài shēn
"养虎贻患"，谓留祸之在身。

huò qù huò yòu zhì　yuē　qián mén jù hǔ　hòu mén jìn láng
祸去祸又至，曰"前门拒虎，后门进狼"；

chú xiōng bú wèi xiōng　yuē　bú rù hǔ xué　yān dé hǔ zǐ
除凶不畏凶，曰"不入虎穴，焉得虎子。"

（《幼学琼林》）

【释读】

"狐假虎威"，比喻借别人的权势做坏事；"养虎贻患"，形容纵容敌人自留后患。

"前门拒虎，后门进狼"，是说刚消除一个祸患，又遇上一个灾难；"不入虎穴，焉得虎子"，指除凶就要敢冒危险。

 识文解字

 1. 虎 hǔ："虎，山兽之君。"——《说文》

含义：虎是猛兽的名字，山兽之王。

豹 2. 豹 bào："豹，似虎圆文。"——《说文》

含义：豹是一种野兽，形状似虎，身上的花纹是圆形的。

犲 3. 犲 chái："犲，狼属，狗声。"——《说文》

含义：犲是狼一类的动物，叫声像狗。

狼 4. 狼 láng："狼，似犬，锐头，白颊，高前广后。"——《说文》

含义：狼形状像犬，头尖长，脸颊白色，前身高而后身宽。

 ## 诗里风物

nán shān běi shān shù míng míng   měng hǔ bái rì rào cūn xíng
1. 南 山 北 山 树 冥 冥 ， 猛 虎 白 日 绕 村 行 。

měng hǔ xíng
——《 猛 虎 行 》(唐·张籍)

lóng yóu qiǎn shuǐ zāo xiā xì   hǔ luò píng yáng bèi quǎn qī
2. 龙 游 浅 水 遭 虾 戏 ，虎 落 平 阳 被 犬 欺 。

zēng guǎng xián wén
——《 增 广 贤 文 》

hǔ jù lóng pán jīn shèng xī   tiān fān dì fù kǎi ér kāng
3. 虎 踞 龙 盘 今 胜 昔 ， 天 翻 地 覆 慨 而 慷 。

qī lǜ   rén mín jiě fàng jūn zhàn lǐng nán jīng
——《七 律·人 民 解 放 军 占 领 南 京》(毛泽东)

1. 为（wèi）虎作伥（chāng）

从前，在一个不知道名字的山洞里，住着一只凶猛无比的老虎。它已经很久没有吃到东西了，饥饿难耐，于是只好走出山洞，去碰碰运气。就在这时，老虎看到不远的山腰处有一个人正蹒跚着走来，大喜过望，期盼已久的食物终于送上门来了。老虎赶紧猛扑上去，一口把那个人咬死，把他的肉吃得精光。

饥饿的老虎美美地饱餐一顿之后，还不满足，心想："如果以后我又饿了，还是找不到食物怎么办？"于是老虎抓住那人的鬼魂不放，对他说："你必须再帮我找到一个人供我享用，不然我就不让你的鬼魂获得自由。你什么时候找到下一个，我什么时候就放过你！"被老虎捉住的鬼魂迫于无奈，只好同意了。他给老虎做向导，带着老虎找啊找啊，终于遇到了第二个人。这个鬼魂为了自己早日能得到解脱，竟然帮助老虎行凶。他先过去迷惑住那个刚刚遇到的人，想尽一切办法，把那个人的腰带解开、衣服脱掉，让老虎吃起来更方便。最后，那个人被老虎吃掉了。这个帮助老虎吃人的鬼魂，就被叫作伥鬼。

一个人被老虎吃掉，只是可怜可悲；死后变成伥鬼，帮助老虎去吃别的人，这就是可恶可恨了。后人根据这一传说，把帮助坏人做伤天害理的事情称为"为虎作伥"。它和"助纣为虐""助桀为虐"是近义词，都是指帮助坏人做坏事。

2. 三人成虎

战国时期，魏国有个大臣叫庞恭，魏王派他与太子同去赵国的都城邯郸做人质。

庞恭担心自己离开以后魏王不再信任他，于是临行前，特地到王宫里对魏王说："大王，如果有人向您禀（bǐng）报，说大街上来了一只老虎，您相信吗？"魏王立刻回答说："我当然不相信。"

庞恭接着说："如果第二个人也向您禀报，说大街上来了一只老虎，您会相信吗？"魏王这下有些迟疑了，说："如果两个人这么说，我就半信半疑了。"

庞恭再问："要是又来了第三个人，他也向您报告说，街市上有老虎，您相信吗？"魏王一边点头，一边说："如果大家都这么说，我就会相信了。"

庞恭诚恳地对魏王说："老虎不会跑到大街上来，这是毫无疑问的。但如果三个人都说大街上有老虎，人们就会相信了。如今我陪太子去邯郸，那里距离我国很远，背后议论我的人很多，恐怕远远不止三个。所以希望大王今后对这些议论，不要轻易相信。"

魏王坦然地说："我明白你的意思了，你放心地陪公子去吧。"

庞恭去了赵国不久，果然有人在魏王面前说他坏话。开始魏王不信，后来说庞恭坏话的人多了，魏王也就相信了。在太子结束人质生涯回到魏国以后，魏王就再也没召见过庞恭，也不再重用他了。庞恭之前的担心，果然应验了。

"三人成虎"这个故事，比喻有时谣言可以掩盖真相。人们很难坚守自己的判断和立场，当谣言被反复重复，人们就有可能相信。所以，我们判断一件事情的真伪，必须细心考察事实，要有自己的独立思考和判断，不能道听途说。

 **延伸拓展**

豺狼虎豹 (chái láng hǔ bào)

泛指危害人畜的各种猛兽。也比喻凶残的恶人。

 融通运用

1. 背诵补充的诗句名言。

2. 描红：虎、豹、豺、狼。

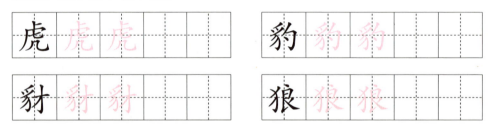

3. 另外收集三个含有"虎"字的成语，写在这里。

   _____ _____ _____

4. 找出下列句子中意思相反的词，写下来。

   （1）哪知道上山下山，一走就是半天！（   ）——（   ）

   （2）小路七拐八弯，带你左转右转。（   ）——（   ）

   （3）妈妈告诉我考试时要仔细不要粗心。（   ）——（   ）

   （4）我喜欢温暖的春天，讨厌寒冷的冬天。

   （   ）—（   ）   （   ）—（   ）

   （   ）—（   ）

第五章　龙——生肖（五）

 经典溯源

【原文】

　　lóng jū　　fèng chú
　　"龙 驹""凤 雏"，

jìn mǐn hóng kuā wú zhōng lù shì lóng zhī yì
晋 闵 鸿 夸吴 中 陆士 龙 之异；

　　fú lóng　　fèng chú
　　"伏 龙""凤 雏"，

sī mǎ huī chēng kǒng míng　　páng shì yuán zhī qí
司 马 徽 称 孔 明、庞 士 元 之奇。

（《幼学琼林》）

【释读】

　　晋闵鸿夸赞吴郡陆云（字士龙）的文采，说他是"龙驹""凤雏"；司马徽称赞诸葛亮（字孔明）、庞统（字士元）为"伏龙""凤雏"，向刘备推荐了这两人。

 识文解字

1. 龙 lóng："龙，鳞虫之长，能幽能明，能细能巨，能短能长，春分而登天，秋分而潜渊。"——《说文》

　　含义：龙是身上有鳞的动物中最大的，据说能隐能显，能小能大，能短能长，春分时升上天，秋分时潜入深渊。

2. 驹 jū："驹，马二岁曰驹。"——《说文》

　　含义：两岁的幼马。

3. 凤 fèng："凤，神鸟也。"——《说文》

　　含义：凤是一种神鸟。

4. 雏 chú："雏，鸡子也。"——《说文》

　　含义：小鸡。

 诗里风物

shuǐ yuè tōng chán jì　　yú lóng tīng fàn shēng
1. 水 月 通 禅 寂，鱼 龙 听 梵 声 。

sòng sēng guī rì běn
　　　　　　　——《 送 僧 归 日 本 》(唐·韩翃)

tiān hūn dì hēi jiāo lóng yí　　léi jīng diàn jī xióng cí suí
2. 天 昏 地 黑 蛟 龙 移，雷 惊 电 激 雄 雌 随。

lóng yí
　　　　　　　——《龙 移 》(唐·韩愈)

hái sì jiù shí yóu shàng yuàn　　chē rú liú shuǐ mǎ rú lóng　　huā yuè
3. 还 似 旧 时 游 上 苑， 车 如 流 水 马 如 龙 ， 花 月

zhèng chūn fēng
正 春 风 。

yì jiāng nán
　　　　　　　——《忆 江 南 》(南唐·李煜)

bǎo mǎ diāo chē xiāng mǎn lù　　fèng xiāo shēng dòng　　yù hú guāng

4. 宝 马 雕 车 香 满 路 ， 凤 箫 声 动 ， 玉 壶 光

zhuǎn　　yí yè yú lóng wǔ

转 ， 一 夜 鱼 龙 舞 。

qīng yù àn　　yuán xī

——《 青 玉 案 · 元 夕 》（宋·辛弃疾）

成语故事

1. 叶公好龙

春秋时期有一个叫叶子高的县官，人们叫他叶公。他非常喜欢龙，他的家里龙的身影无处不在：墙壁上画着龙，柱子上刻着龙，就连喝酒的杯子上也有龙的图案。客人参观了他的住处，往往都会问："你的家被你布置得就像龙宫，你为什么这么喜欢龙呢？"叶公十分自豪地说："因为我是龙的传人。"

叶公对龙的喜爱就这样远近皆知。这个消息最后还传到了天上的真龙那里。真龙知道了人间有这样一位"粉丝"，非常高兴，心想："这个叶公连我们真正的样子都没见过，就如此崇拜我们，看来我们应该下凡去拜访拜访他。"于是便从天上降到叶公家里，因为龙的身子非常长，真龙将自己的龙头搭在窗台上探望，龙尾伸到了叶公的厅堂里。

叶公这一天正在呼呼大睡，醒来却发现有个双眼鼓鼓的东西正从窗户窥视着自己，还有一条大大的尾巴在客厅里晃动。叶公以为是妖怪来了，吓得拔腿就跑。真龙不明白叶公这是为什么，紧紧跟随叶公的脚步追去，并大声喊道："别跑别跑，我

就是你最喜欢的龙啊!"叶公没想到这个"怪物"还会开口说话,更是惊恐万状,吓得瘫倒在地。

由此看来,叶公并不是真的喜欢龙,他喜欢的只不过是那些像龙的东西而已。

这个故事讽刺的是表里不一的人。同时,也告诉我们一个道理:不要盲目地去追捧、崇拜什么事物,要在深入了解它内在的本质后,再来看自己是否真的喜欢。

2. 画龙点睛

南北朝时期的梁朝,有一位著名的画家叫张僧繇(yáo),技艺非常高超。他画的人好像能开口说话,画的鸟好像能展翅飞翔。

当时的皇帝梁武帝在金陵城建造了一座很大的寺庙叫安乐寺,寺庙修得又漂亮,又气派。皇上非常满意,可是看着高高的四壁,总觉得空荡荡的,好像少了点什么。他想啊想,终于想到了让张僧繇在上面画上一幅画,不就十全十美了吗?

张僧繇在寺里待了两天两夜,废寝忘食,全身心投入到绘画之中。到了第三天,他终于画好了。人们迫不及待想看他的画,一大早就纷纷跑到寺庙里。

他们一看,只见四壁上画的是四条龙,周围笼罩着五彩祥云,龙好像正在云中来回穿梭,简直就像真的一样。大家都赞不绝口。

突然,有个人指着壁上的画叫了起来:"哎呀,这龙怎么没眼睛呢?"

大家仔细一看,发现四条龙果然都没有眼睛。人们都疑惑地看着张僧繇,张僧繇不慌不忙、非常镇定地说:"我是故意不画眼睛的,要是画了眼睛,这龙就会飞走的。"人们哈哈大笑,觉得这个说法很荒唐,谁也不相信他的话。

张僧繇没办法,只好拿起笔,给其中的两条龙点上了眼睛。突然,人们听见墙壁发出噼噼啪啪的声音,那两条龙在云彩里游来游去,最后真的飞向苍穹。大家回过神来后,发现墙上只剩下没有眼睛的两条龙。这可把大家吓坏了,人们终于相信了,再也不让他给龙画眼睛了。

这个成语常常比喻写文章或讲话时，用一两句话点明主题，就像给龙画上眼睛一样，能让内容变得更加生动。它也告诉我们：对任何事物，都要抓住其要害或本质，那样它的内容才会更加生动或精辟。

 延伸拓展

卧龙先生

公元197年，年仅十七岁的诸葛亮来到隆中，住在山间的一所草庐中。他经常到田里做点农活，更多的时间用来读书和钻研经史百家学说。他胸怀大志，虽隐居深山，仍密切注视着全国形势的发展和各派军事力量的变化，考虑着治理天下的大计。他经常和当地一些名士交往，谈古论今，品评人物，交流对时局的看法。诸葛亮才思敏捷，政治眼光锐利，对问题的认识往往超出常人一筹，因此被人们尊称为"卧龙先生"，把他比喻为隐伏在隆中的人中之龙。

 融通运用

1. 背诵补充的诗句名言。
2. 描红：龙、驹、凤、雏。

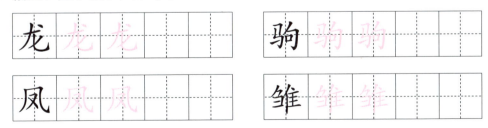

3. 龙有很多儿子，各自有不同的名字和特点，你能说出几个？写在这里。

_____

_____

4. 快乐阅读。

风孩子

风轻轻吹着，谁也没有注意它，它觉得自己太平凡了。

几个孩子兴致勃勃地谈论着。一个孩子说："你注意到没有，风是个了不起的音乐家。你听，它呼呼地吹着悦耳的口哨。"另一个孩子说："你注意到没有，风还是个爱心家。你瞧，它把爸爸额头上的汗吹落，把妈妈洗的衣服吹干。"

风听了他们的话，更加卖力地吹起来。这下，风把孩子们的帽子吹跑了，把气球吹爆了。孩子们都说："哦，风还是个破坏家。"

风听了很伤心，它不想当破坏家。

（1）从文中找出下列词语的反义词。

伟大——（　　　　）　保护——（　　　　）　高兴——（　　　　）

（2）孩子们说风是_____家、_____家和_____家。

（3）孩子们最后为什么说风是个破坏家呢？用"____"在短文中画出来。

（4）风不想当破坏家，你觉得它该怎么做？

_____

_____

第六章　鼠、兔——生肖（六）

经典溯源

【原文】

shí shǔ wǔ jì　jiǎo tù sān xué
鼫 鼠 五 技， 狡 兔 三 穴。

jì duō zé qióng　qiǎo duō zé zhuō
技 多 则 穷 ， 巧 多 则 拙。

（《名物蒙求》）

guān guò zhī rén　tóu shǔ jì qì
观 过 知 仁， 投 鼠 忌 器。

（《增广贤文》）

【释读】

　　鼫鼠有五种技能，但是多而不精。它能飞却不能上屋，能攀爬却不能爬上树梢；它能游泳却不能渡过溪谷，能打洞但那洞穴却不能藏住它自己；它也能奔跑，却不能比人跑得快。狡猾的兔子有多个洞穴，但最多只能够免于被捕获。

　　技能多而不精，就会陷于困境；巧妙的手段太多，反而会显得笨拙。

　　察看一个人所犯过错的性质，就可以了解他的为人。人有所顾忌就不敢放手做事，就像想投掷东西砸老鼠，会因为顾忌打坏近旁的器物而不能达到目的。

识文解字

1. 鼠 shǔ："鼠，穴虫之总名也。"——《说文》
　　含义：鼠，是穴居之虫的总名。

2. 兔 tù："兔，兽名。象踞，后其尾形。"——《说文》

   含义：兔，是一种兽的名字。字形像兔子蹲着的样子，后部像兔子的尾巴。

3. 技 jì："技，巧也。"——《说文》

   含义：技，技巧。

4. 巧 qiǎo："巧，技也。"——《说文》

   含义：巧，技能。

 诗里风物

qióng qióng bái tù dōng zǒu xī gù   yī bù rú xīn   rén bù rú gù
1. 茕 茕 白 兔，东 走 西 顾，衣 不 如 新，人 不 如 故。

gǔ yàn gē
——《古 艳 歌》（汉·佚名）

xióng tù jiǎo pū shuò   cí tù yǎn mí lí   shuāng tù bàng dì zǒu   ān
2. 雄 兔 脚 扑 朔，雌 兔 眼 迷 离，双 兔 傍 地 走，安
néng biàn wǒ shì xióng cí
能 辨 我 是 雄 雌。

mù lán shī
——《木 兰 诗》（南北朝）

bù zhī fǔ shǔ chéng zī wèi   cāi yì yuān chú jìng wèi xiū
3. 不 知 腐 鼠 成 滋 味，猜 意 鹓 雏 竟 未 休。

ān dìng chéng lóu
——《安 定 城 楼》（唐·李商隐）

shǔ mù xiàng lái wú zì liǎo   guī cháng cóng yǔ shì xiāng wéi
4. 鼠 目 向 来 吾 自 了，龟 肠 从 与 世 相 违。

sòng shàn xiāng sēng chāo rán guī lú shān
——《送 善 相 僧 超 然 归庐 山》（宋·陈与义）

成语故事

1. 投鼠忌器

三国初期，汉献帝与丞相曹操、皇叔刘备一起去打猎。曹操为了显示自己的威风，竟跟汉献帝齐头并进。走进猎场，汉献帝见不远处有只兔子蹦蹦跳跳，就对刘备说："你来射击，我今天看看皇叔的箭法如何？"刘备不敢怠慢，连忙弯弓射箭，只听"嗖"的一声，箭矢正好命中兔子，兔子立即倒地，一命呜呼。献帝看了，连声称赞刘备好箭法。

过了一会儿，汉献帝又看见一只大鹿在森林里奔走，一时兴起，连射了三箭，却因为大鹿跑得太快，竟然三箭都没有射中。情急之中，他就叫曹操射击。曹操拿过献帝的铍（pī）箭①，一眨眼的工夫，箭头就射中了大鹿。将士们见射中鹿的是铍箭，以为是献帝射的，都高举双手，高呼"万岁"，那声音响彻山林。曹操听到这样的赞美，得意地站到了献帝面前，心花怒放地接受欢呼。

关云长见到曹操这副喧宾夺主的倨傲模样，气得咬牙切齿，要拍马挥刀砍向曹操，刘备忙给他使眼色，暗示他不可轻举妄动。事后，关云长问刘备，当时为什么不让他杀了曹操，刘备说："投鼠忌器，他身边还有献帝呢。"

"投鼠忌器"的意思是当老鼠靠近器物时，想用东西砸老鼠又怕砸坏老鼠附近的用具。现常用来比喻做事有所顾忌，不敢放手进行。

2. 兔死狐悲

从前，兔子和狐狸都生活在森林里。但因为体型都比较矮小，所以它们面临着共同的威胁——猎人的捕杀。为了避免被猎人杀害，有一天它们来到了一棵大树下，准备结为生死同盟。

---

① 铍（pī）箭：箭头宽而薄的箭。此处铍箭为皇帝专用。

兔子挽着狐狸，对天发誓说："我们一定要同舟共济，精诚团结！"狐狸看着兔子坚定的表情，立即深深地点点头，说："无论遇到怎样的困难，我都要跟你同生死，共患难！"于是它们成了最好的朋友。

有一天，它们正在田野里享受大自然的美景，不料一群猎人突然前来，猎人搭弓射箭，一箭就射死了兔子。狐狸也差一点就遭遇不测。大概是因为那天猎人们的猎物太多了，所以他们没有带走死去的兔子。等猎人转身离开，狐狸就跑到兔子身旁，抚摸着兔子已经冷掉的尸体，悲痛地哭泣起来，表情非常痛苦。

有个长者经过，看见一只狐狸居然在兔子的尸体旁边哭泣，觉得奇怪，就问狐狸哭泣的原因。狐狸擦擦眼泪，忍住悲哀说："我和兔子同样是微小的动物，是猎人猎捕的对象。我们曾经相约共同对敌，同生死，共患难。现在我的朋友兔子已经被猎人射死了，他今天的死亡，意味着我明天的死亡。我们是真正的朋友，我哪能不伤心哭泣呢！"说完，又开始呜呜地恸哭。

长者听了狐狸的一番话，也忍不住叹了口气，说："你有这样的同伴，你哭得有理啊！"

"兔死狐悲"，表示因同类的死亡或不幸而伤心。

延伸拓展

关于鼠的民间习俗

在山西平遥一带人们将正月初十看作老鼠嫁女日，俗称"鼠添箱"。那一天，家家要把插上花的面饼放在暗处，大人小孩不准喧哗，如果惊动了老鼠，它们来年就会去家里捣乱。

台湾居民认为初三为小年，传说初三晚上是老鼠结婚日，所以深夜不点灯，在地上撒米、面、盐，人要早早上床休息，以免影响老鼠的喜事。

　　在青海的一些地区有"蒸瞎老鼠"的习俗。每年的农历正月十四日，家家用面捏成十二只老鼠，然后用蒸笼蒸熟，待到元宵节时摆上供桌，并烧香、点灯，乞求老鼠只食草根，勿伤庄稼，以保本年丰收。

融通运用

1. 背诵补充的诗句名言。
2. 描红：鼠、兔、技、巧。

3. 用你自己的话说说"狡兔三窟"的故事。
4. 快乐阅读。

　　葡萄架下有一只狐（hú fú）狸，它一会儿转来转去，一会儿跳起来摘葡萄，可是一（颗　棵）也没摘到。于是，他指着架上的葡萄，说："这葡萄是酸的，不能吃！"

（1）将文中（　　）里正确的拼音或字用"√"标出来。

（2）狐狸指着架上的葡萄说了什么？用"＿＿"画出来。

（3）用"一会儿……一会儿……"写句话。

_____

_____

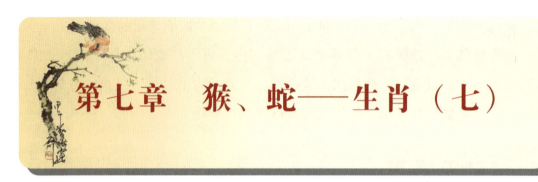

第七章 猴、蛇——生肖（七）

经典溯源

【原文】

tān tú bù zú　　wèi zhī　　shé yù tūn xiàng
贪 图 不 足 ，谓 之 "蛇 欲 吞 象"；
mù hóu ér guàn　　xiào rén jiàn bù huī hóng
"沐 猴 而 冠"，笑 人 见 不 恢 宏 。

（《幼学琼林》）

【释读】

　　贪图得到，不知满足，就叫作"蛇欲吞象"。"沐猴而冠"，是讥笑人们见识短浅，没有宏大的格局。

识文解字

1. 猴 hóu："夒（kuí）也。"——《说文》
   含义：猴，就是猿猴。

2. 蛇（它）shé："虫也。从虫而长，象冤曲垂尾形。上古草居患它，故相问无它乎。"——《说文》
   含义：蛇，最初的字形是"它"。它，尾巴很长，像身子蜷曲而垂尾的形状。上古时代人们住在草野之中，担心蛇的侵害，因此见面时互相问候说"没碰到蛇吧"。

3. 象 xiàng："象，长鼻牙，南越大兽，长鼻牙，三年一乳。象鼻牙四足尾之形。"——《说文》

含义：象，鼻子和牙齿很长，是南越地区出产的大型兽类，三年一胎。字形像大象的鼻、牙、四足和尾巴的形状。

4. 冠 guān："冠，絭也。所以絭（juàn）发，弁（biàn）冕（miǎn）之总名也。"——《说文》

含义：冠，就是卷。是用来卷束头发的，是帽子的总称。

诗里风物

liú bō jī qīng xiǎng　　hóu yuán lín àn yín
1. 流波激清响，猴猿临岸吟。

qī āi shī sān shǒu
——《七哀诗三首》（东汉·王粲）

huāng tíng chuí jú yòu　　gǔ wū huà lóng shé
2. 荒庭垂橘柚，古屋画龙蛇。

sòng sēng guī rì běn
——《送僧归日本》（唐·韩翃）

léi jīng tiān dì lóng shé zhé　　yǔ zú jiāo yuán cǎo mù róu
3. 雷惊天地龙蛇蛰，雨足郊原草木柔。

qīng míng
——《清明》（宋·黄庭坚）

成语故事

1. 沐猴而冠

秦朝末年，刘邦、项羽等起兵反秦。他们曾互相约定：谁先攻入咸阳，谁就在关中为王。结果，刘邦首先攻破秦都咸阳，成为关中王。项羽随后入城，心中很不乐意。他火冒三丈地说："我要让秦宫变成废墟！"于是，他带领大队人马，冲入城内，大肆屠杀，还放火焚烧了秦宫，大火一连烧了几个月都没有熄灭。项羽还搜刮了许多金银财物，掳掠了一批年轻妇女，准备把这些东西和人都送回楚国去。

当时有人劝项羽仍在咸阳建都，因为这里是关中地区，有险可守，而且土地肥沃，在此建都，可以奠定霸业。项羽看到秦宫都已被烧毁得残破不堪，同时又很怀念故乡，一心想回楚国，便说："人富贵了，应该回到故乡。富贵却不归故乡，就好比穿着锦绣衣服在黑夜里走路，谁看得见？"

那劝说项羽的人听了项羽的这番话，心里对他很鄙视。于是在背后对人说："人家说楚国人（指项羽）不过是'沐猴而冠'罢了，果然是这样啊！""沐猴"就是"猕猴"，读音很相近。"沐猴而冠"，是说猕猴戴上了人的帽子，也就是说假充人样的野兽，这是一句骂人的话。不料，这句话被项羽知道了，他气得跳起八丈高，立刻对士兵下令："把那人给我抓来，投入鼎镬（dǐng huò）煮死！"于是，那个背后议论项羽的人被活活煮死了。

这个成语的本义是：猴子穿衣戴帽，究竟不是真人。比喻虚有其表，缺乏智力。常用来讽刺投靠恶势力窃据权位的人。

2. 杯弓蛇影

有一年夏天，应郴（chēn）请朋友杜宣到家里饮酒。酒席设在厅堂里，北墙上悬挂着一张红色的弓。由于光线折射，酒杯中映入了弓的影子。杜宣看了，以为是一条小蛇在酒杯中蠕动，顿时吓得冷汗淋淋。但应郴却一再热情洋溢地劝他："杜兄，请喝酒。"他不好再推辞，只好硬着头皮喝了几口。

回到家里，杜宣越来越疑心刚才饮下的是有蛇的酒，他甚至能感到有小蛇在肚中蠕动，然后又觉得腹部疼痛异常，难以忍受。到了第二天，他吃饭、喝水都非常困难。家里人赶紧请大夫来诊治。但他服了各种药，病情还是不见好转。

过了几天，应郴有事到杜宣家中，见他脸色枯黄，问他怎么会闹病的。杜宣便讲了那天饮酒时酒杯中有蛇的事。应郴安慰了他几句，就回家了。他坐在厅堂里反复回忆和思考，弄不明白杜宣酒杯里怎么会有蛇。

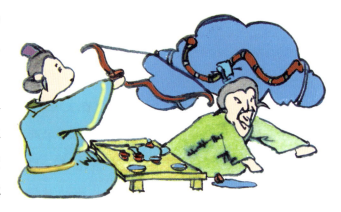

　　突然，北墙上的那张红色的弓引起了他的注意。他立即坐在那天杜宣坐的位置上，再取来一杯酒，也放在原来的位置上。结果发现，酒杯中有弓的影子，粗看上去，确实像是一条蛇在蠕动。

　　应郴马上命人把杜宣请来，让他坐在原位上，叫他仔细观看酒杯里的影子，并说："你说的杯中的蛇，不过是墙上那张弓的倒影罢了，没有其他什么怪东西。现在你可以放心了！"杜宣弄清原委后，疑虑立即消失，马上觉得精神百倍，病也很快痊愈了。

　　这个故事告诉人们：很多时候我们疑神疑鬼，不过是自相惊扰。只有了解到事情的真相，解除了疑虑，心理上的恐惧紧张才能得到缓解。

 延伸拓展

心猿意马

　　形容人的心意，像猿猴和马那样总是动个不停，难以控制。

 融通运用

1. 背诵补充的诗句名言。
2. 描红：猴、蛇、象、冠。

猴	猴	猴			

蛇	蛇	蛇			

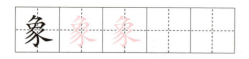 

3. 快乐阅读。

　　从前，一个很冷的冬天，有个农夫在路上看见一条冻僵了的蛇。农夫可怜这条蛇，就解（jiě xiè）开自己的衣服，把它放在怀里。

　　蛇得（de dé）到了温暖，苏醒了。它一醒过来，就咬了农夫一口。农夫中（zhōng zhòng）了毒，临死的时候说："蛇是害人的东西，我不该怜惜它。"

（1）用"/"划去文中括号里加点字不正确的读音。

（2）农夫在路上看见了一条怎样的蛇？

_____

_____

（3）农夫是怎么死的？

_____

_____

（4）读了这个故事你明白了什么？

_____

_____

第八章 寒食禁火，元夕放灯
——传统节日（一）

 经典溯源

【原文】

hán shí jìn huǒ　yuán xī fàng dēng
寒 食 禁 火 ， 元 夕 放 灯 。

（《名物蒙求》）

huǒ shù yín huā hé　wèi yuán xiāo dēng huǒ zhī huī huáng
火 树 银 花 合 ， 谓 元 宵 灯 火 之 辉 煌 ；
xīng qiáo tiě suǒ kāi　wèi yuán xī jīn wú zhī bú jìn
星 桥 铁 锁 开 ， 谓 元 夕 金 吾①之 不 禁 。

（《幼学琼林》）

【释读】

清明前一天的寒食节，禁火一日。正月十五元宵节，花灯竞放。

"火树银花合"，灯火错落辉煌，树上像开满了闪着银光的花，形容元宵节晚上灯火辉煌；"星桥铁锁开"，城门的铁锁打开，四处通行，是说元宵节晚上，京城可以彻夜游玩。

 识文解字

 1. 节 jié："节，竹约也。"——《说文》

含义：竹节。

---

① 金吾：古代官名。负责皇帝大臣警卫、仪仗以及巡逻京城、掌管治安的武职官员。

2. 元 yuán："元，始也。"——《说文》

含义：元为人头，引申为初始。

3. 夕 xī："夕，莫①也。"——《说文》

含义：夕就是黄昏，傍晚。

4. 灯 dēng：本写作"镫"。

含义：置烛用以照明的器具。

诗里风物

qiān mén wàn hù tóng tóng rì   zǒng bǎ xīn táo huàn jiù fú
1. 千 门 万 户 瞳 瞳 日 ， 总 把 新 桃 换 旧 符 。

yuán rì
——《元 日》(宋·王安石)

dōng fēng yè fàng huā qiān shù   gèng chuī luò   xīng rú yǔ
2. 东 风 夜 放 花 千 树 ， 更 吹 落 ， 星 如 雨 。

qīng yù àn   yuán xī
——《青 玉 案 · 元 夕》(宋·辛弃疾)

成语故事

1. 抱薪救火

战国末年，秦国为了掠夺魏国的土地，多次进攻魏国。第一年，魏国失去了两个城镇；第二年，魏国又失去了三个城镇。不仅如此，秦国的军队还一度直逼魏国的都城，形势十分危急。韩国派兵来救，也被秦军打败。魏国

---

① 莫：通"暮"，即太阳落山，黄昏时分。

没有办法，只得割让了土地，才算暂时停止了战争。到了第三年，秦国又发动进攻，强占了魏国的两个城市，并杀死了数万人。第四年，秦国更把魏、韩、赵三国的军队，一起打得大败，杀死兵士十五万人。

在这样的情形下，魏王十分着急，召集大臣问："你们有使秦国退兵的办法吗？"大臣们都害怕秦军，于是就劝魏王献给秦王更多的土地。

所有大臣中，只有苏代不同意这样的做法。他对魏王说："割让土地，只能暂时让秦国退兵。只要我国的土地没有被割让完，秦军就绝对不会停止战争。"

为了让魏王明白这个道理，他讲了一个故事：从前有一个人，他的房子起火了，他不用水去浇灭大火，却背来一捆柴草，把柴草一把一把地投入火中。柴草不能救火，反而只会使火势更猛。柴草一天不烧完，火就一天不会熄灭。用割让土地的办法去让秦国退兵，这就像抱薪救火一样，只会让秦军更加贪得无厌，更加凶猛地攻打我国。

尽管苏代讲得很有道理，但是魏国实力太弱，胆小的魏王也只顾眼前的太平，只想着委屈求和，没有听苏代的话。他还是依照大臣们的意见，将南阳割给了秦国。秦国得到了南阳后，如苏代所言，并没有收手，在以后的三四十年里，仍不断夺取魏国土地。到公元225年，终于被秦国灭了。

抱薪救火这个成语，比喻用完全错误的方法去消除灾祸，结果反而使灾祸扩大。解决问题或消除灾祸，必须看清事物本质，用正确的方法去处理。否则，只会使问题更加严重，灾祸继续扩大。

2. 灯火阑珊 (lán shān)

灯火阑珊，出自南宋辛弃疾的词《青玉案·元夕》。灯火，就是灯。古代的灯，不是靠电来发光的，而是靠火的燃烧来照明。阑珊，意思是稀稀落落，一个事物已经衰落，到了它即将结束的阶段。"青玉案"是词牌名，规定本词的格式、字数等；"元夕"是词的题目，表明本词描写的是农历正月十五元宵节晚上的情形。

元宵赏灯是我国的民俗之一。这天晚上，满城张灯结彩，歌舞欢腾。本词的上阕"东风夜放花千树，更吹落，星如雨。宝马雕车香满路。凤箫声动，

玉壶光转，一夜鱼龙舞。"就描绘了元宵节晚上火树银花、灯月交辉、车水马龙、欢歌笑语的欢腾热闹的风光。这样的繁华热闹却是为了反衬下阕主人公在众多游人中的苦苦寻觅，千回百转，终于在灯火零落的地方发现了自己的意中人——一位不慕荣利、自甘寂寞的孤高女子。成语"灯火阑珊"即来自此词下阕的名句——"众里寻他千百度，蓦然回首，那人却在，灯火阑珊处。"这句话的意思是：夜深了，我千百次寻找、等待的那一个人还没有出现。不经意一回首，却发现她在那灯火寥落的地方静静地站着。

值得注意的是，"阑珊"本是"将尽、疏落"之意，"灯火阑珊"有两种解释，一指灯火稀疏，指人烟稀少、比较冷清的地方；一指夜深、深宵无人之时分。本词既说明是"灯火阑珊处"，明显是说地方，指人烟疏落的冷清之地。在使用时，不要误用为形容热闹的时刻或明亮的地方。

"阑珊"一词在古典诗词中出现的频率较高，在南唐李煜的词《浪淘沙》中有"帘外雨潺潺，春意阑珊"的句子，"春意阑珊"形容春天就要过去了。唐白居易《重咏》诗中有"白发满头归得也，诗情酒兴渐阑珊"。意兴阑珊，用来形容一个人兴致已失的样子。

 延伸拓展

寒食节与介子推

春秋时晋国大臣介子推与晋公子重耳流亡列国，在困顿饥饿的时候，介子推割下自己大腿的肉，熬成汤供晋公子充饥。公子重耳回国即位为国君之后，介子推不求利禄，与母亲一起隐居于绵山。晋文公为了逼介子推出山接受恩赏，焚烧山林，介子推坚决不出山。最后，介子推和他母亲一起抱着一棵大树被烧死。

晋文公后悔惋惜，把他葬于绵山，修祠立庙，并下令全国，在介子推焚死之日禁火，百姓一律只能吃寒食，以寄哀思，后相沿成俗成为寒食节。寒时节一般被认为是清明节前一天。

融通运用

1. 背诵补充的诗句、名言。
2. 描红：节、元、夕、灯。

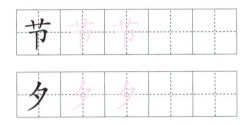

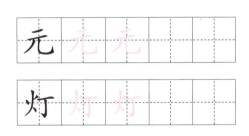

3. 你的家乡过春节有哪些习俗？请讲给爸爸妈妈听。
4. 快乐阅读。

　　风娃娃来到了河边，看见许多纤夫正拉着一艘船。他们弯着腰，流着汗，喊着号子，船却走得很慢。他急忙跑过去，对着船帆吹起来。船在水面上飞快地行驶。纤夫们笑了，一边收起纤绳，一边向风娃娃表示感谢。

（1）短文中的"他们"指的是＿＿＿＿＿＿＿＿＿＿，"他"指的是

　　＿＿＿＿＿。

（2）文中哪些句子写出了纤夫们拉船的辛苦？用"——"在文中画出来。

　　＿＿＿＿＿＿＿＿＿＿＿＿＿＿＿＿＿＿＿＿＿＿＿＿＿＿

（3）短文写了谁做了一件什么事？用自己的话写下来。

　　＿＿＿＿＿＿＿＿＿＿＿＿＿＿＿＿＿＿＿＿＿＿＿＿＿＿

　　＿＿＿＿＿＿＿＿＿＿＿＿＿＿＿＿＿＿＿＿＿＿＿＿＿＿

第九章 端午蒲觞，重阳菊酒
——传统节日（二）

经典溯源

【原文】

duān wǔ pú shāng   chóng yáng jú jiǔ
端 午 蒲 觞 ， 重 阳 菊 酒 。

（《名物蒙求》）

duān yáng jìng dù   diào qū yuán zhī nì shuǐ
端 阳 竞 渡 ， 吊 屈 原 之 溺 水 。

chóng jiǔ dēng gāo   xiào huán jǐng zhī bì zāi
重 九 登 高 ， 效 桓 景 之 避 灾 。

（《幼学琼林》）

【释读】

五月初五端午节，人们在门边插上菖蒲，喝雄黄酒，用来驱灾辟邪；九九重阳节，饮用菊花酒，用来辟恶、御寒。

端午节赛龙舟，是祭奠投水而死的楚国大夫屈原；重阳节登高，是效仿汉朝桓景躲避灾难。

识文解字

1. 端 duān："端，直也。"——《说文》
   含义：端就是直。

2. 午 wǔ："午，牾也。五月阴气午逆阳，冒地而出。"——《说文》
   含义：午，就是牾逆的意思。五月阴气冒出来，与阳气发生冲突。

3. 重 chóng："重，厚也。"——《说文》
   含义：重的意思是厚。

4. 阳 yáng："阳，高明也。"——《说文》
   含义：阳就是明，高出而向阳的部分光线充足，特指水的北岸、山的南面。

 诗里风物

jié fēn duān wǔ zì shuí yán　　wàn gǔ chuán wén wèi qū yuán
1. 节 分 端 午 自 谁 言 , 万 古 传 闻 为 屈 原 。

duān wǔ
——《 端 午 》（唐·文秀）

dú zài yì xiāng wéi yì kè　　měi féng jiā jié bèi sī qīn
2. 独 在 异 乡 为 异 客 , 每 逢 佳 节 倍 思 亲 。

jiǔ yuè jiǔ rì yì shān dōng xiōng dì
——《 九 月 九 日 忆 山 东 兄 弟 》（唐·王维）

mò dào bù xiāo hún　　lián juǎn xī fēng　　rén bǐ huáng huā shòu
3. 莫 道 不 销 魂 , 帘 卷 西 风 , 人 比 黄 花 瘦 !

zuì huā yīn
——《 醉 花 阴 》（宋·李清照）

成语故事

1. 美人迟暮

美人迟暮，典出战国屈原《离骚》："惟草木之零落兮，恐美人之迟暮。"此处的"美人"比喻君主；迟暮，比喻人的晚年、暮年。这句话的意思是：想到草木在不断地凋零，不禁担忧美人也会日渐衰老。屈原用草木零落比喻人生迟暮，用美人比喻君王，表达他对君王随着岁月老去、来不及改变他不正确的政治路线的担忧。

屈原，战国时楚国诗人、政治家，年少时受过良好的教育，博闻强识，志向远大。早年受国君楚怀王的信任，任左徒、三闾大夫，兼管内政外交的大事。因其政治主张触动了保守贵族的利益，遭到排挤、毁谤，被楚怀王疏远，一生的政治理想未能得以实现。《离骚》即创作于屈原被楚怀王疏远、流放的时期。公元前278年，屈原自沉于汨（mì）罗江，以身殉国。

《离骚》在中国文学和思想史上的影响极为深远。贾谊、司马迁、陶渊明、李白、杜甫、鲁迅……历代文人都将屈原的意旨作为自己的人生行为准则。

今天，"美人迟暮"和"英雄白头"等成语常常连用，用来形容有作为的人日渐衰老，并为此感到忧伤怨恨。与这个成语有一定关系的成语是"香草美人"，也作"美人香草"，同样出自《离骚》。汉王逸注《楚辞章句·离骚序》中说，屈原用香草比喻忠臣，用美人比喻君主。香草和美人，都是美好的东西。屈原只喜欢美好，不愿接受肮脏的东西，他的投水、举身赴清流这种自杀方式，也有这一深意。"香草美人"用以象征忠君爱国的思想。

2. 明日黄花

明日黄花，出自宋代苏东坡诗《九日次韵王巩》："相逢不用忙归去，明日黄花蝶也愁。"明日，即次日，第二天；黄花，即菊花。因为菊花大多是黄色的，古人就说菊花为"黄花"。李清照说"满地黄花堆积""帘卷西风，人比黄花瘦"，她所说的"黄花"就是菊花。

本诗题目中的"九日"是指农历的九月初九——重阳节。重阳赏菊是我国的民俗之一，很多的文人骚客常常在这一天相聚，赏花、吟诗、作文。史称"三苏"之一的宋代大学士苏东坡也在这一天赏花喝酒吟诗。"相逢不用忙归去，明日黄花蝶也愁"的意思是：朋友们既然已经相聚在一起，就不要着急回去。等到重阳（今天）过后，菊花就将凋零，不但人看起来觉得花无趣，恐怕在花间穿梭飞舞的彩蝶，看了这过时的菊花也会犯愁吧。

今天我们将"明日黄花"作为一个成语，表示事物已过期或者没有用处。从成语的起源来看，它的感情色彩为贬义，在使用时，不能用它来赞美新兴的或是充满生命力的事物。比如说"小朋友们是祖国的明日黄花"，就是典型的误用。

还须注意的是，汉语中只有"明日黄花"，无"昨日黄花"的说法。有很多人不知道成语的来源，认为"昨天"才表示过去，"昨日黄花"才是过了时的事物，这也是一种误解。"明日"指的是重阳节过后的日子，重阳节过后的菊花会一日不如一日，逐渐凋零、萎谢，随着时间的推移变得不再光鲜。

"明日黄花"和上一章讲到的"美人迟暮"，这两个成语都含有时光不再、岁月难留的含义，告诉我们一定要珍惜青春年少的大好时光。

 延伸拓展

端午节的由来

一般的说法是为了纪念战国时楚国诗人屈原。

据《史记·屈原贾生列传》记载，屈原是战国时期楚怀王的大臣。他倡导举贤授能，富国强兵，力主联齐抗秦，遭到贵族公子子兰等人的强烈反对，被流放到沅、湘流域。

屈原眼看自己的祖国被侵略，自己却又不被国君信任无法为国效力，沉江自尽。传说屈原死后，楚国百姓哀伤不已，纷纷涌到汨罗江边去凭吊屈原。

渔夫们划起船只，在江上来回打捞他的真身。有位渔夫拿出为屈原准备的饭团、鸡蛋等食物，"扑通、扑通"地丢进江里，说是让鱼龙虾蟹吃饱了，就不会去咬屈大夫的身体了。人们见后纷纷仿效。一位老医师则拿来雄黄酒倒进江里，说是要药晕蛟龙水兽，以免伤害屈大夫。后来因怕饭团为蛟龙所食，人们想出用树叶包饭，外缠彩丝的办法，后来发展成粽子。以后，在每年的五月初五，就有了龙舟竞渡、吃粽子、喝雄黄酒的风俗，以此来纪念爱国诗人屈原。

　　端午节与春节、清明节、中秋节并称为中国民间的四大传统节日。2006年5月，国务院将其列入首批国家级非物质文化遗产名录；2009年9月，联合国教科文组织正式审议并批准中国端午节列入世界非物质文化遗产，成为中国首个入选世界非遗的节日。

 融通运用

1. 背诵补充的诗句、名言。
2. 描红：端、午、重、阳。

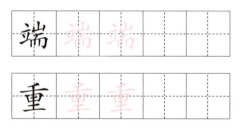 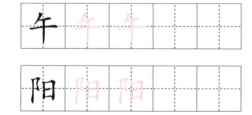

3. 说说你的家乡端午节、重阳节的习俗有哪些。
4. 仿照例子，写一写。

　　例：不要送伞来，妈妈，我喜欢在小雨中走回家。

　　不要_____，妈妈，我_____。

　　不要_____，爸爸，我_____。

　　不要_____，_____，我_____。

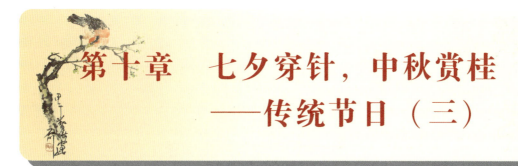

第十章 七夕穿针，中秋赏桂
——传统节日（三）

 经典溯源

【原文】

qī xī chuān zhēn　zhōng qiū shǎng guì
七 夕 穿 针，中 秋 赏 桂。

（《名物蒙求》）

wǔ wù jī tún yàn shè　chù chù yǐn zhì lóng zhī jiǔ
五 戊 鸡 豚 宴 社，处 处 饮 治 聋 之 酒；
qī xī niú nǚ dù hé　jiā jiā chuān qǐ qiǎo zhī zhēn
七 夕 牛 女 渡 河，家 家 穿 乞 巧 之 针。

（《幼学琼林》）

【释读】

农历七月初七，妇女要穿七孔针，乞求智巧；八月十五中秋，人们要共赏桂花。

春社日杀鸡宰猪祭祀土地神，到处都喝治聋酒；七月初七夜牛郎织女渡过银河相会，家家妇女穿针引线乞求得到智巧。

 识文解字

桂

1. 桂 guì："桂，江南木。"——《说文》

含义：桂是生长在长江以南的一种树。

2. 社 shè："地主也。《春秋传》曰：'共工之子句龙为社神。'"——《说文》

含义：社，就是土地神。共工氏的儿子句龙能平九州，所以祭祀他，把他作为土地神。

3. 郎 láng："郎，鲁邑也。"——《说文》

含义：古邑名，在今山东金乡县境。

4. 女 nǚ："女，妇人也。"——《说文》

含义：女的意思是妇女。

诗里风物

tiáo tiáo qiān niú xīng　　jiǎo jiǎo hé hàn nǚ
1. 迢迢牵牛星，皎皎河汉女。

gǔ shī shí jiǔ shǒu
——《古诗十九首》（汉·佚名）

xiǎo shí bù shí yuè　　hū zuò bái yù pán
2. 小时不识月，呼作白玉盘。

gǔ lǎng yuè xíng
——《古朗月行》（唐·李白）

tiān jiē yè sè liáng rú shuǐ　　wò kàn qiān niú zhī nǚ xīng
3. 天阶夜色凉如水，卧看牵牛织女星。

qiū xī
——《秋夕》（唐·杜牧）

成语故事

1. 牛郎织女

中国民间传说中，有非常著名的牛郎织女的故事。"牛郎织女"这个成语，多用来比喻分居两地的夫妻，也泛指天各一方、难得一见的恋人。

相传很早以前，有一个聪明、忠厚的小伙，父母早亡，跟着哥哥和嫂子度日。嫂子为人狠毒，经常虐待他，并将他赶出家门，幸亏有一头老牛与他相依为命，这个小伙因而被叫作"牛郎"。一天，天上的织女和众多仙女下凡，在河里洗澡。牛郎在老牛的帮助下认识了织女，二人互生情意，后来织女便偷偷下凡，做了牛郎的妻子。他们情投意合，还生了一双儿女，生活幸福。可惜，这事很快便让天帝知道，王母娘娘亲自下凡来，强行把织女带回天上，拆散了这对恩爱夫妻。牛郎按照老牛所说的方法，穿上老牛的牛皮做的鞋，拉着一双儿女，腾云驾雾上天去追赶织女。眼见就要追到了，谁知王母娘娘拔下头上的金簪一挥，一道波涛汹涌的天河出现了，牛郎和织女被隔在两岸，只能相对哭泣。他们的忠贞爱情感动了喜鹊，千万只喜鹊搭成鹊桥，帮助牛郎织女在鹊桥上相会。到了最后，王母娘娘也只好允许两人在每年的七月七日，相会于鹊桥。

后来，每到农历七月初七牛郎织女鹊桥相会的日子，姑娘们就会来到花前月下，抬头仰望星空，祈求上天能让自己像织女那样心灵手巧，祈祷自己能有美满的婚姻，由此形成了七夕节。这一天也被称为中国的"情人节"。

这个传说反映了勤劳善良的人民对美好生活，尤其是美好爱情的追求。因此历朝历代的文人都将它写入文学作品之中。比如《古诗十九首》中有"迢迢牵牛星，皎皎河汉女"的诗句；唐代诗人杜牧的《秋夕》中有"天阶夜色凉如水，坐看牵牛织女星"的名句；宋代词人秦观的《鹊桥仙》中有"柔情似水，佳期如梦，忍顾鹊桥归路"的句子；唐代诗人白居易流传千古的《长恨歌》中有"七月七日长生殿，夜半无人私语时；在天愿作比翼鸟，在地愿为连理枝"的诗句；唐代大诗人杜甫的《银河诗》中，也有"牛女年年渡，何曾风波生"的诗句。这些诗句，广为世人传诵。

2. 闭月羞花

"闭"，关闭，隐藏；"羞"，羞涩，害羞。"闭月羞花"的意思是女子太美丽了，使得月亮也隐藏起来，使鲜花都感到羞愧。"闭月羞花"这个成语常常与"沉鱼落雁"相连，都是形容女子的美丽。

"闭月"是关于古代的美女貂蝉的传说。传说貂蝉在后花园拜月时，忽然轻风吹来，一块浮云将那皎洁的明月遮住。这一情景正好被她的义父王允瞧见。

王允为宣扬他的女儿长得漂亮，逢人就说，我的女儿和月亮比美，月亮比不过，赶紧躲在云彩后面，因此，人们就用"闭月"来形容貂蝉之美了。

"羞花"说的是杨贵妃。唐朝开元年间，唐明皇派出人马，四处搜寻美女。杨玉环因美貌被选进宫来。进宫后，无比思念家乡。一天，她到花园赏花散心，看见盛开的牡丹、月季，想到自己被关在宫内虚度青春，不禁叹息，对着盛开的花儿说："花呀！你年年岁岁还有盛开之时，我什么时候才有出头之日？"她刚一摸花，花瓣立即收缩，绿叶卷起、下垂，因为她摸的恰好是含羞草。这一情景，恰好被一个宫女看见。宫女到处说，杨玉环和花比美，花儿都含羞低下了头。这件事传到唐明皇的耳朵里，唐明皇喜出望外，当即选杨玉环来见驾。明皇见杨玉环果然美貌无比，便将她留在身旁伺候。杨玉环深得明皇欢心，不久就升为贵妃。

关于杨贵妃之美，唐代几位大诗人的笔下都有记载，比如杜牧《过华清宫》中有"一骑红尘妃子笑，无人知是荔枝来"的诗句；白居易《长恨歌》中有"回眸一笑百媚生，六宫粉黛无颜色"的描写；李白的《清平调》中有"名花倾国两相欢，长得君王带笑看"的诗句。

闭月羞花和花容月貌、如花似玉、貌美如花、风姿绰约、仙姿玉貌等成语意思相近，都是形容女子容颜的美丽。

 延伸拓展

嫦娥奔月

后羿射下九个太阳，受到饱受烈日之苦的百姓的尊敬和爱戴，不少志士慕名前来投师学艺。奸诈刁钻、心术不正的逢蒙也混了进来。后羿向西王母

052

求得一包不死药，交给嫦娥保管。后羿的恶徒逢蒙趁后羿外出逼迫嫦娥交出不死药，嫦娥危急之时吞下不死药，不多时便飘离地面，飞落月亮上成了仙。后羿回家寻妻不得，捶胸顿足，仰望月亮千呼万唤地呼唤嫦娥的名字。他的呼唤惊动了上天，皎洁的月亮上果然出现了嫦娥的身影。后羿急忙摆上香案，放上她平时最爱吃的蜜食鲜果，遥祭在月宫里的嫦娥。而百姓们闻知嫦娥奔月成仙的消息后，也纷纷在月下摆设香案，遥祭嫦娥。后来月母被后羿的真情所打动，允许嫦娥在月圆之日与后羿在月桂树下相会。从此，中秋节拜月的风俗在民间传开了。

 融通运用

1. 背诵补充的诗句、名言。
2. 描红：巧、桂、郎、女。

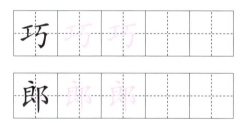

3. 收集三句含有"月"的诗句。

_____

_____

_____

4. 补充词语，再选词填空。

（　　）躲（　　）藏　　　　膀（　　）腰（　　）

顶（　　）立（　　）　　　　耳（　　）目（　　）

（　　）瞪（　　）呆　　　　（　　）（　　）丧胆

（1）奶奶80多岁了，仍然（　　　　　　）。

（2）爸爸经常教育我要做一个（　　　　　　）的男子汉。

（3）八路军英勇无敌，常使敌人（　　　　　　）。

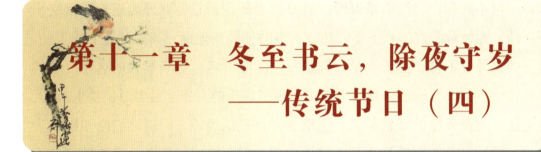

第十一章　冬至书云，除夜守岁
——传统节日（四）

经典溯源

【原文】

dōng zhì shū yún　　chú yè shǒu suì
冬 至 书 云 ， 除 夜 守 岁 。

（《名物蒙求》）

bào zhú yì shēng chú jiù　　táo fú wàn hù gēng xīn
爆 竹 一 声 除 旧 ， 桃 符 万 户 更 新 。

（《幼学琼林》）

【释读】

冬至来到，登高望远，把所见景物气色书写下来，刻在简策上，以占卜来年吉凶。除夕夜，全家守岁，彻夜不眠，辞旧迎新。

爆竹一响起来，旧的一年就过去了；门口贴上新桃符，家家户户喜迎新年。

识文解字

1. 至 zhì："至，鸟飞从高下至地也。"——《说文》
   含义：鸟从高处飞落到地面。

2. 除 chú："除，殿陛也。"——《说文》
   含义：宫殿的台阶。

3. 旧 jiù："旧留也。" ——《说文》

含义：旧，就是旧（舊）留。旧留，是一种鸥鸟的名称。后用为"新旧"的"旧"。从前的，原先的。

4. 新 xīn："新，取木也。" ——《说文》

含义：新，意思是砍伐木材。后引申为事物初始。

诗里风物

gù xiāng jīn yè sī qiān lǐ　　chóu bìn míng zhāo yòu yì nián
1. 故 乡 今 夜 思 千 里， 愁 鬓 明 朝 又 一 年。

chú yè zuò
——《除 夜 作》(唐·高适)

tiān shí rén shì rì xiāng cuī　　dōng zhì yáng shēng chūn yòu lái
2. 天 时 人 事 日 相 催， 冬 至 阳 生 春 又 来。

xiǎo zhì
——《小 至》(唐·杜甫)

rén jiā chú xī zhèng máng shí　　wǒ zì tiǎo dēng jiǎn jiù shī
3. 人 家 除 夕 正 忙 时，我 自 挑 灯 拣 旧 诗。

chú xī
——《除 夕》(明·文徵明)

成语故事

1. 三阳开泰

三阳开泰，出自中国古代传统文化典籍《易经》，意思是"阳气逐步超越阴气，冬去春来"。

"泰"是《周易》六十四卦之中的一卦——泰卦。在《易经》中，天地交，就叫作"泰"，天地不交，就叫作"否"（pǐ）。"泰"卦，是指超越"有"（有形的器物）的界限束缚，才能通达"无"（无形的大道）的大化真境。突破"器"的僵化，才能看到生的活跃。领会道的真迹，才能畅通和谐。由此可见，"泰卦"是好卦，故有"否极泰来"的成语。"否极泰来"的意思是不好的状况到了极点就会出现转机，好的状况就会到来。事物发展到了极点，就会发生变化，转化到这个事物的对立面。在《周易》六十四卦的圆环中，"泰"卦之后就是"否"卦，而"否"则需要轮回一圈后才会再变成"泰"，由此可见，从好变坏，非常容易；而从坏变好，需要经历漫长的过程。但否极泰来是辩证的规律，正如唐朝诗人韦庄在《湘中作》中所说"否极泰来终可待"。

古人认为，冬至那天白昼最短，是阴气最盛的时候。物极必反，阴气达到极盛，也就意味着阳气开始发动，所以冬至是"一阳生"。往后白昼渐长，到了农历十二月（腊月）是"二阳生"。到了正月，则是"三阳"，此时就叫作"三阳开泰"。

今天，我们常用"三阳开泰"来称颂岁首或寓意吉祥，是新春之季人们互相祝福的吉利话。它和一帆风顺、二龙腾飞、四季平安、五福临门、六六大顺、七星高照、八方来财、九九（久久）同心、十全十美、百事亨通、千事吉祥、万事如意等词语一样，都是广为人们喜爱的新春祝词。

2. 程门立雪

北宋大学问家杨时，小的时候非常聪颖，善于写文章。年纪稍大后，专心研究经史书籍。最先他和好朋友游酢（zuò）拜程颢（hào）为师，程颢去世后，他们都已经40多岁了，而且都考上了进士。然而他们还是决心去拜当时著名的学者、程颢的弟弟程颐为师，继续求学。

在寒冬的一天，他们俩一起去向程颐求教。两人到了程颐家的小院外，想要拜访老师。童子听见了响动，连忙跑出来，向他们摆手说："先生正在午睡呢。"杨时向童子说明来意，童子请他们到书房等一等，他们怕惊扰了老师，于是谢过童子，恭恭敬敬地在室外等候。

当时正值隆冬，阴沉的天空忽然下起了鹅毛大雪。没多久，两人的身上就积上厚厚的雪，远远望去，就像两个雪人。可他们谁也没有要离开的意思。等程颐午睡醒来，童子端来热茶，说有两个学生来访，见先生午睡，不敢打扰，现在还在室外等候呢！程颐很惊讶，忙让童子请他们进来。

程颐被这两个人的求学精神和尊敬师长的美德深深打动，于是尽心尽力地教他们。杨时学到了老师的全部学问，后来，他回到南方，传播程氏理学，被后人称为"龟山先生"。

程门立雪，旧指学生恭敬受教，现指尊敬师长。比喻求学心切和对有学问长者的尊敬。

 延伸拓展

门神的故事

传说东海里有座风景秀丽的度朔山。山上有一棵盘曲三千里的大桃树，这棵桃树的东北一端，有一个拱形的枝干，树梢一直弯下来，挨到地面，就像一扇天然的大门。朔山住着各种妖魔鬼怪，要出门就得经过这扇鬼门。天帝怕鬼怪下山到人间作祟，派了两个神将去把守，一个叫神荼（shēn shū），一个叫郁垒（yù lǜ）。两员神将专门监察鬼怪的行为。发现哪个鬼怪为非作歹，便用草绳捆起来送去喂老虎。此后，从这个故事中引申出了鬼怪桃木之说。于是，那时候，人们每逢过年，便用两块桃木刻上神荼、郁垒的像或写上他俩的名字，挂在门的两边，叫作桃符，以示驱灾压邪。

融通运用

1. 背诵补充的诗句、名言。
2. 描红：至、除、旧、新。

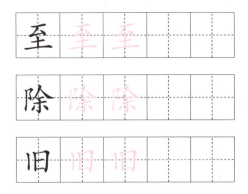

3. 口语交际：请在横线上填上恰当的语句。

　　春节到了，家家户户都在放鞭炮。小亮将鞭炮放在了草堆旁，他刚要用火柴去点，这时小军连忙跑过来摆着手说："＿＿＿＿＿＿＿＿＿＿"小亮问为什么，小军说："＿＿＿＿＿＿＿＿＿＿"小亮说："那我就不放了。"

第十二章　春雨惊春清谷天
——节气（一）

经典溯源

【原文】

chūn shēng xià zhǎng　qiū shōu dōng cáng　chūn wéi mù dé　shèng
春　生　夏　长，秋　收　冬　藏。春　为　木　德，盛

yú dōng fāng　rén mín zài tián　bō zhòng bǎi gǔ
于　东　方。人　民　在　田，播　种　百　谷。

（《名物蒙求》）

chūn yǔ jīng chūn qīng gǔ tiān
春　雨　惊　春　清　谷　天。

（《二十四节气歌》）

【释读】

　　春天是万物生长的时候，夏天是万物茂盛的时候，秋天是万物成熟的时候，冬天是万物归根的时候。按五行说，春季是一年四季之始，属于甲乙东方木，是耕种的最好时机。农民到田间，播种五谷。

　　立春、雨水、惊蛰、春分、清明、谷雨，这是6个与春天有关的节气。

识文解字

 1. 春 chūn："春，推也。从日，草春时生也。"——《说文》

含义：春，太阳推动草木初生。四季的第一季。

 2. 年 nián："年，谷熟也。"——《说文》

含义：年指五谷成熟。

 3. 季 jì："季，少称也。"——《说文》

含义：季是对年少者的称呼，亦用为排行在最末者。

 4. 谷 gǔ："榖①，百榖之总名。"——《说文》

含义：谷类植物或粮食作物的总称。

 诗里风物

chūn mián bù jué xiǎo　　chù chù wén tí niǎo
1. 春 眠 不 觉 晓 ，处 处 闻 啼 鸟 。

chūn xiǎo
——《春 晓》(唐·孟浩然)

hǎo yǔ zhī shí jié　dāng chūn nǎi fā shēng
2. 好 雨 知 时 节 ，当 春 乃 发 生 。

chūn yè xǐ yǔ
——《春 夜 喜 雨》(唐·杜甫)

tiān jiē xiǎo yǔ rùn rú sū　　cǎo sè yáo kàn jìn què wú
3. 天 街 小 雨 润 如 酥 ，草 色 遥 看 近 却 无 。

chū chūn xiǎo yǔ
——《初 春 小 雨》(唐·韩愈)

---

① 榖：粮食作物的总称。含义为"粮食作物"的"谷"简化前的本字。

xiǎo lóu yí yè tīng chūn yǔ　　shēn xiàng míng zhāo mài xìng huā

4. 小楼一夜听春雨，深巷明朝卖杏花。

lín ān chūn yǔ chū jì

——《临安春雨初霁》(宋·陆游)

成语故事

1. 如沐春风

"如沐春风"的意思是如同沐浴在和煦的春风里。这个成语出自宋代理学家、文人朱熹的《伊洛渊源录》卷四："朱公掞（yàn）见明道于汝州，逾月而归。语人曰：'光庭在春风中坐了一月。'"明道，就是明道先生，即宋代著名理学家和教育家程颢。朱公掞，就是程颢的弟子朱光庭。这句话的意思是：程颢的弟子朱光庭听老师讲课如痴如醉，因而回家逢人便夸老师讲学的精妙，他说："我在春风中坐了一月。"

这里的"春风"是比喻义，指受到老师的教导。这个成语比喻同品德高尚而且有学识的人相处并受到熏陶，得到了教益或感化，就像受到春风的吹拂一般。它的另外一种寓意是比喻沉浸在美好的环境当中，心情愉快舒服。

在中国古典诗词当中，春风往往象征美好的事物，具有温暖、柔和、通人性、神奇等特征。如南宋志南和尚的《绝句》中"沾衣欲湿杏花雨，吹面不寒杨柳风"，从人的触觉方面写出了春风和煦的特征；南朝齐王俭的《春诗》(二首之一) 中"轻风摇杂花"，写出了春风轻柔的特征；唐代大诗人李白的《劳劳亭》中"春风知别苦，不遣柳条青"，写春风似乎知道人间的离别之苦，故意不吹柳条使之发青，写出了春风通人性的特征；在唐代诗人贺知章的名诗《咏柳》中，"不知细叶谁裁出，二月春风似剪刀"的诗句，把春风比喻成一把奇特的剪刀，可裁出柳叶、杏、桃，以及众多的绿叶、红花等；宋代著名诗人王安石的诗句"春风又绿江南岸"，写春风所到之处，一片新绿，生机盎然，也是对春风神奇力量的形象写照。

如坐春风和如沐春风、春风化雨、春风风人等成语是近义词，都是比喻

061

良好教育的普遍深入，就像和暖的春风吹拂着人；像及时的雨水滋润着大地。这是对师长教诲的高度称颂。

2. 十年树木，百年树人

春秋时期著名的政治家、军事家管仲，少时丧父，由母亲抚养他长大。由于生活十分贫苦，他早早地接下了维持生计的重担，与朋友鲍叔牙合伙经商。后来，他几经曲折，经过鲍叔牙的大力推荐，成为齐国上卿（即丞相），被称为"春秋第一相"。

管仲担任齐国相国40多年，他辅佐齐桓公在经济、政治、军事等方面进行改革，使齐国成为春秋时期的第一霸主。管仲在他的著作《管子》中表达了他关于人才的观点："一年之计，莫如树谷；十年之计，莫如树木；终身之计，莫如树人。一树一获者，谷也；一树十获者，木也；一树百获者，人也。"

这段话的意思是：做一年的打算，没有什么比得上种植庄稼；做十年的打算，没有什么比得上栽植树木；做一生的打算，没有什么比得上培养人才。一旦培植好了，就可以收获一次的，是庄稼；一旦培植好了，可以收获十次的，是果木；一旦培植好了，可以收获百次的，是人才。

按照管仲的意思，越是有价值的事物，培养起来越不容易。要想获得更大的收获，就必须要投入更多的时间和精力。"十年树木，百年树人"这个成语，比喻培养人才是漫长的过程，也表示培养人才很不容易。要使小树成长为木料，需要很长的时间；而培养一个人才，则需要更长的时间，是个长久之计。

 延伸拓展

二十四节气

二十四节气是中国先秦时期开始订立、汉代完全确立的用来指导农事的补充历法，是通过观察太阳周年运动，认知一年中时令、气候、物候等方面变化规律所形成的知识体系。它把太阳周年运动轨迹划分为24等份，每一等份为一个节气，始于立春，终于大寒，周而复始，是汉族劳动人民长期经验的积累和智慧的结晶。

2016年11月30日，二十四节气正式列入联合国教科文组织人类非物质文化遗产代表作名录。

融通运用

1. 背诵补充的诗句、名言。
2. 描红：春、年、季、谷。

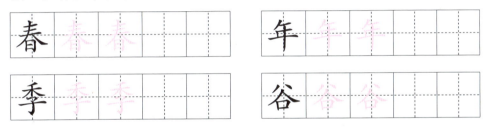

3. 你知道春分竖蛋的习俗吗？亲自尝试一下这个有趣的游戏吧。

---

4. 猜一猜，答一答。

> 远看山有色，近听水无声。春去花还在，人来鸟不惊。

（1）这首诗是一个谜面，猜一猜，诗的谜底是（　　　　　）。

（2）诗中前两句写了两种事物，分别是（　　　　）和（　　　　）。

（3）从诗中找出三组反义词。

（　　　）——（　　　）　　（　　　）——（　　　）

（　　　）——（　　　）

第十三章　夏满芒夏暑相连
——节气（二）

 经典溯源

【原文】

xià wéi huǒ dé　wàn wù qīn róng
夏 为 火 德， 万 物 钦 荣 。

rén mín zài tián　yǐ zǐ yǐ yún
人 民 在 田， 以 籽 以 耘 。

（《名物蒙求》）

xià mǎn máng xià shǔ xiāng lián
夏 满 芒 夏 暑 相 连 。

（《二十四节气歌》）

【释读】

夏在五行中属于丙丁南方火。夏天光明炎热，万物生长，欣欣向荣。农夫来到田间，有的给禾苗培土，有的除草。

立夏、小满、芒种、夏至、小暑、大暑，这是跟夏天相关的6个节气。

 识文解字

1. 夏 xià："夏，中国之人也。"——《说文》
   含义：夏是古代中原地区的部族。

2. 满 mǎn："满，盈溢也。"——《说文》
   含义：满是水充盈而外流，引申为充盈。

3. 火 huǒ："熭也，炎而上。"——《说文》

含义：火是物体燃烧时所产生的上腾的光焰，又称熭。

4. 暑 shǔ："暑，热也。"——《说文》

含义：炎热。

诗里风物

lì jìn bù zhī rè　　dàn xī xià rì cháng
1. 力尽不知热，但惜夏日长。

guān yì mài
——《观刈麦》（唐·白居易）

yè yīng tí lǜ liǔ　　hào yuè xǐng cháng kōng
2. 夜莺啼绿柳，皓月醒长空。

xiǎo mǎn
——《小满》（宋·欧阳修）

zhú shēn shù mì chóng míng chù　　shí yǒu wēi liáng bú shì fēng
3. 竹深树密虫鸣处，时有微凉不是风。

xià yè zhuī liáng
——《夏夜追凉》（宋·杨万里）

成语故事

1. 七月流火

"七月流火"出自《诗经·国风·豳（bīn）风·七月》："七月流火，九月授衣。""七月"，指夏历的七月，也就是今天农历的七月，大致相当于公历的八月。"火"，不是像火一般的天气，而是一颗星的名字，它是天蝎座里最亮的一颗星，发出火红色的光亮，因此中国古代天文学称之为"大火星"。

"流"，指移动、落下。这句话的意思是：夏历七月，"大火"恒星向下移动，暑热开始减退；夏历九月，把裁制寒衣的工作交给妇女去做。

在气象预报还不完善的古代，人们往往通过对日月星辰的运行变化进行观察来确定农时，指导生产。通过常年的观察，古人发现"七月流火"之时，也就是当"大火星"逐渐向西方流动、下坠的时节，天气就会开始渐渐转凉。

在运用这个成语的时候要注意，七月流火并不表示天气酷热，而是酷暑减退、天气转凉的意思。同时也因为"七月流火"是天气热极转凉的转折点，所以也用来表示事情已经过了鼎盛时期，渐渐衰退。

把七月误解为公历七月，把流火理解为像火在流动一样炎热，这是完全不尊重成语历史来源的误解。应该指出的是，少数辞书，甚至《现代汉语词典》第七版，也收录了这种说法，这是极不严肃的。它完全颠倒了《诗经》的原意，没有尊重成语作为历史性语言材料的事实，没有尊重成语内涵稳定的基本规律。对"望文生义"等语用乱象，是不可以迁就的。理解成语，使用成语，一定要有正确的态度。

2. 夏虫不可语于冰

夏虫不可以语冰，出自战国时期道家学派的著作《庄子·外篇·秋水》："北海若曰：'井蛙不可以语于海者，拘于虚也；夏虫不可以语于冰者，笃于时也；曲士不可以语于道者，束于教也……'"

井蛙，井底之蛙；拘，束缚、限制；虚，处所；夏虫，生活在夏天的虫；曲士，鄙陋的人；语，谈论。这句话的意思是："渤海神若说：'对井里的蛙不可与它谈论关于海的事情，是由于它的眼界受着狭小居处的局限；对夏天生死的虫子不可与它谈论关于冰雪的事情，是由于它的眼界受着时令的制约；对见识浅陋的人不可与他谈论道理，是因为他的眼界受着教养的束缚。'"

作为战国时期著名的思想家、哲学家和文学家的庄子，其文以雄奇奔放、绚丽多姿的特色而被视为先秦诸子散文中的奇葩。《庄子》一书中的外篇最得庄子汪洋恣肆、行云流水之妙。《秋水》篇是寓言，写的是河伯见识短浅、狂妄自大，看见河水暴涨淹没一切，就以为自己是天下最大最美的地方。但当他看到大海更广阔无边后，自叹不如。这一寓言告诉人们看问题不能局限于某一点，应当全方位、多角度。须知河外有海，天外有天。

夏虫不可以语冰，又作"夏虫不可语于冰"。今天用来比喻人囿于见闻，目光短浅。也可借用这个成语来劝勉我们：对于学识浅薄的人，并不需要把所有的道理都跟他讲清楚。

延伸拓展

华　夏

"华"原来是花朵之意，后引申出光华、文明进步、盛大繁荣的意思。"夏"是历史上第一个朝代，后用它称呼族群或诸侯国。"华夏"指黄河和长江流域的诸侯国，是相对于周边少数民族而言的，它蕴含着古人的民族优越感、文化优越感。

简单说，"华夏"含有"盛大的王朝""盛大的国家"的意思。

后来"华夏"又简称为"华"，进而因受早已出现的"中国"一词的影响，在魏晋时期出现了"中华"的用法，尔后作为我们民族的称呼一直沿用至今。

融通运用

1. 背诵补充的诗句、名言。
2. 描红：夏、火、满、暑。

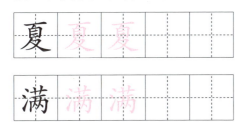

3. 说说与夏天的 6 个节气有关的故事。

4. 快乐阅读。

爱玩的太阳娃娃

我发现天上的太阳娃娃喜欢吹白云玩儿。

瞧，她把嘴巴鼓得圆圆的，朝着身边的云吹呀，吹呀，吹出了一对长耳朵，一条短尾巴，一个胖肚子，一个圆脑瓜。哈，她把那朵白云吹成一只小白兔啦！

太阳娃娃一边在天上跑，一边吹，把这朵白云吹成荷花，把那朵白云吹成白雪公主。她越吹越开心，一不小心把一朵白云吹进海里去了，自己也一起滚进大海中。啊，她在海里把那朵白云吹成了一朵漂亮的白浪花。

（1）太阳娃娃喜欢吹白云玩儿，她把白云吹成了（　　　　）、（　　　　）、
　　　（　　　　）、（　　　　）。

（2）"漂亮"的近义词是（　　　　），反义词是（　　　　）。

（3）在短文中用"＿＿"画出描写"小白兔"样子的句子。

第十四章 秋处露秋寒霜降
——节气（三）

 经典溯源

【原文】

jīn xíng yú qiū　　wàn wù liǎn jiū
金 行 于 秋 ， 万 物 敛 揪 。

shì wéi xī chéng　　wú zhòng bù shōu
是 为 西 成 ， 无 种 不 收 。

（《名物蒙求》）

qiū chǔ lù qiū hán shuāng jiàng
秋 处 露 秋 寒 霜 降 。

（《二十四节气歌》）

【释读】

秋在五行中属金，干支属庚辛，方位属西。金代表的肃杀之气运行在秋天，万物收聚。庄稼到了秋天成熟，所有播下的庄稼都在秋天迎来收获。

立秋、处暑、白露、秋分、寒露、霜降，这是和秋天有关的6个节气。

069

识文解字

1. 秋 qiū："秋，禾谷熟也。"——《说文》
   含义：秋指庄稼成熟。

2. 金 jīn："五色金也。黄为之长。"——《说文》
   含义：金泛指金属。黄金是金属中最贵重的。

3. 露 lù："露，润泽也。"——《说文》
   含义：露就是露水，能滋润万物。

4. 霜 shuāng："霜，丧也，成物者。"——《说文》
   含义：霜有"丧（sàng）"的意思。霜降则万物收缩，农事
   完成。

 诗里风物

chuáng qián míng yuè guāng　　yí shì dì shàng shuāng

1. 床 前 明 月 光 ，疑 是 地 上 　霜 。

jìng yè sī
——《静 夜 思》（唐·李白）

yuǎn shàng hán shān shí jìng xié　bái yún shēng chù yǒu rén jiā

2. 远 上 寒 山 石 径 斜 ，白 云 生 处 有 人 家 。

shān xíng
——《山 行》（唐·杜牧）

kū téng lǎo shù hūn yā　xiǎo qiáo liú shuǐ rén jiā　gǔ dào xī fēng shòu

3. 枯 藤 老 树 昏 鸦 ，小 桥 流 水 人 家 ，古 道 西 风 瘦

mǎ　　　　　　　　　tiān jìng shā　qiū sī
马 。　　　　　　　——《天 净 沙·秋 思》（元·马致远）

成语故事

1. 一日不见，如隔三秋

"秋"最初的意思是"禾谷成熟的季节"，后引申用来指一个季节。三秋，就是三个季节，也就是九个月。

本成语出自《诗经·国风·采葛》：

"彼采葛兮，一日不见，如三月兮！彼采萧兮，一日不见，如三秋兮！彼采艾兮，一日不见，如三岁兮！"

诗中的"葛""萧""艾"都是植物的名称。全诗仅三句，每句仅变换了几个字，就把热恋中情人间的思念之情表现得淋漓尽致。劳动场景中的女子，无论是采葛、采萧、采艾，时时刻刻都在思念她的爱人。本诗里有三个时间概念，即：三月、三秋、三岁，分别指三个月、九个月、三年，层层递进，用来形容时间的漫长，表达出情人之间这种天天想念的心情。

后来，"一日不见，如隔三秋"具体指多长时间并无实在的含义，人们用它来比喻因为思慕而度日如年的心情。常用在形容情人之间殷切的思念，或形容良师益友之间的思念之情。

值得注意的是，"三秋"的长度不是一般情况下人们理解的三年。不能想当然的理解为一年只有一个秋天，一秋就是指一年，三秋就是三年。而应该是指三个季节。同时，从成语的起源来看，"一日不见，如隔三秋"是不可乱用的。如果一般朋友或亲友之间见面时用"一日不见，如隔三秋"来表达问候，在情感的表达方面过头了，是不合礼仪的误用。

2. 金风玉露

金风玉露，出自唐代著名诗人李商隐的诗《辛未七夕》："由来碧落银河畔，可要金风玉露时。"金风，即秋风，因秋天在五行中属金，故"秋风"又名"金风"。玉露，即秋露。因为露水透明无色，所以说"玉露"。"金"

和"玉"象征珍贵，"风"和"露"暗示短暂。暗示牛郎织女一年一次七夕聚会的宝贵和难得。这句话的意思是：碧落银河之畔，正是牛郎与织女相会的良好场所，何必一定要等到金风玉露的七夕才相会呢？

后来，金风玉露用来泛指秋天的景物，也比喻人世间可贵且短暂的事物，多用于描写爱情男女短暂相逢时光的弥足珍贵。

在北宋词人秦观的《鹊桥仙》一词中，有"金风玉露一相逢，便胜却人间无数"的名句，意思是说牛郎织女虽然在每年的七夕才能相逢一次，却胜过人间无数的夫妻生活，表明其"两情若是长久时，又岂在朝朝暮暮"的态度；清代词人纳兰性德的《齐天乐·塞外七夕》一词中，有"清漏频移，微云欲湿，正是金风玉露"的诗句，意思是从计时器传来的清晰的滴水声和天空中的云彩可知，又是秋天到了。在这里，"金风玉露"是代指秋天牛郎织女相会的时节。

 延伸拓展

与 "秋" 有关的一些词语

金秋：我国古代，把世间万物看成由金、木、水、火、土构成。木主管东方和春季，火主管南方与夏季，金主管西方与秋季，水主管北方与冬季。土主管中央，并扶助木、火、金、水。"金秋"就是"秋天"之意。

金风：一年四季，风各有名。春天为和风，夏天为薰风，秋天为金风，冬天为朔风。和、薰、金、朔四样风配着四时。风亦各有方位，春风为东风，夏风为南风，秋风为西风，冬风为北风。

秋声：指秋天里自然界的声音，如风声、落叶声、虫鸟声等。

秋水：本义指秋天的江湖水、雨水。多用来比喻女子明澈的眼波。

秋波：秋天的水波。比喻美女的目光清澈明亮。多喻指蕴含着深情的眼神。

融通运用

1. 背诵补充的诗句、名言。
2. 描红：秋、金、露、霜。

3. 快乐阅读。

　　秋天到了，天气凉（liáng　láng）了，一片一片的树叶从树枝上落（luò　lòu）下来。

　　树叶落在地上，小虫爬过去，躲在里面，把它当作屋子。

　　树叶落在沟里，蚂蚁爬上来，坐在当中，把它当作船。

　　树叶落在河里，小鱼游过来，藏在底下，把它当作伞。

　　树叶落在院子里，燕子飞来看见了，低声说："电报来了，催我们到南方去呢。"

（1）给加点的字选择正确的读音，画"√"。

（2）小动物把落叶都当做什么了？连一连。

　　小虫　　　　　　　　当作电报

　　蚂蚁　　　　　　　　当作伞

　　小鱼　　　　　　　　当作船

　　燕子　　　　　　　　当作屋子

（3）仿照例子写句子。

　　例：树叶落在地上，小虫爬过去，躲在里面，把它当作屋子。

　　树叶＿＿＿＿＿＿＿＿，＿＿＿＿＿＿＿＿，＿＿＿＿＿＿＿＿，把它当作＿＿＿＿＿＿＿＿。

第十五章　冬雪雪冬小大寒
——节气（四）

经典溯源

【原文】

dōng wéi shuǐ dé　wàn wù bì sè
冬 为 水 德， 万 物 闭 塞。

sān shí wù nóng　yì shí xiū xī
三 时 务 农 ， 一 时 休 息。

（《名物蒙求》）

dōng xuě xuě dōng xiǎo dà hán
冬 雪 雪 冬 小 大 寒。

（《二十四节气歌》）

【释读】

冬在五行中属于壬癸北方水。冬天，万物掩藏封闭。农事的分配是：三季务农，到了冬天这一季就休息。

立冬、小雪、大雪、冬至、小寒、大寒，这是冬天的 6 个节气。

识文解字

1. 冬 dōng："冬，四时尽也。"——《说文》
   含义：冬是四季中的最后一季。

2. 北 běi："北，乖也。"——《说文》
   含义：北就是乖，相背，失败，不顺。后假借为北方之北。

3. 雪 xuě："雪，凝雨，说物者。"——《说文》

含义：雪是凝结的雨水，是农作物所喜欢的。

4. 寒 hán："寒，冻也。"——《说文》

含义：寒，寒冷。

诗里风物

hū rú yí yè chūn fēng lái　　qiān shù wàn shù lí huā kāi
1. 忽 如 一 夜 春 风 来，千 树 万 树 梨 花 开。

bái xuě gē sòng wǔ pàn guān guī jīng
——《白 雪 歌 送 武 判 官 归 京》(唐·岑参)

bái xuě què xián chūn sè wǎn　　gù chuān tíng shù zuò fēi huā
2. 白 雪 却 嫌 春 色 晚，故 穿 庭 树 作 飞 花。

chūn xuě
——《春 雪》(唐·韩愈)

qiān shān niǎo fēi jué　　wàn jìng rén zōng miè
3. 千 山 鸟 飞 绝，万 径 人 踪 灭。

jiāng xuě
——《江 雪》(唐·柳宗元)

成语故事

1. 雪泥鸿爪

雪泥鸿爪 (zhǎo)，出自宋代文人苏轼的诗《和 (hè) 子由渑池怀旧》："人生到处知何似，应似飞鸿踏雪泥。泥上偶然留指爪，鸿飞那复计东西。"

"雪泥"，融化着雪水的泥土。"鸿"，就是鸿雁，大雁。"鸿爪"，指大雁在雪泥上踏过留下的爪印。"雪泥鸿爪"比喻往事遗留的痕迹。苏轼的意思是：我们的人生历程，就像雪地上大雁偶然的爪印，很快就会湮灭；而我们就像远飞的大雁，过去了就过了，面对世事，哪有工夫去回顾那些走过的旅途啊。整首诗充满了对人生无常、往事如烟的感慨。

宋朝时，19 岁的苏轼与弟弟苏辙（子由）路经渑池，路上马死了，两人骑着瘦弱的驴子到渑池一僧寺寄宿，与寺院老和尚关系很好，并在寺内墙上题诗。后来弟弟子由写了一首《渑池怀旧》的诗。几年以后，苏东坡旧地重游，当初接待他们的老僧却已圆寂，寺里替老僧建了一座塔。当年东坡兄弟题诗的庙壁也破败了，再也见不到旧日的题诗。新修的塔中葬着老僧，坏掉的壁上题过旧诗，在东坡看来，都似泥上爪印，在时间里迅速消失。于是东坡在百感交集中写下了此诗。令 20 多岁的苏轼不曾想到的是，他此后 30 多年的为官经历和从政遭遇，果然如他此诗所感慨的一般"来去无定"，连续 3 次遭贬谪，从黄州到惠州再到儋（dān）州，行遍了人间坎坷路，恰如"飞鸿雪泥"一般飘忽不定，充满偶然。

今天，我们常常用"雪泥鸿爪"这个成语来表达对人生来去无定的怅惘和对往事旧迹的深情眷念。

2. 冰雪聪明

冰雪聪明，出自唐代著名诗人杜甫的五言古诗《送樊二十三侍御赴汉中判官》："冰雪净聪明，雷霆走精锐。"冰雪，用来比喻纯净清澈的人；聪明，聪敏有智慧；雷霆，比喻办事雷厉风行；精锐，精干勇敢。这两句话是在称赞樊侍御为人清正明察，聪敏而有智慧，明断而又干练，智勇过人，才堪经世。

古人常常用"冰雪"来形容美丽且有着高尚纯洁道德情操的人。一个人要想对事物有特别的领悟，应是在心无杂念的境界中，不能有其他事物的干扰。"冰"与"雪"，是一个人有着非凡的领悟力的象征。因此，冰雪聪明，也用来形容领悟力极强的聪明人。

值得注意的是，自明代文学家张溥（pǔ）用"冰雪聪明"一词夸奖友人十一岁的小女儿后，该成语就被广泛用于形容年轻貌美、气质不凡、聪明伶俐的年轻女子。因此，在使用对象上要特别小心。

在古典诗词当中，因为冰和雪表示洁净、清白、没有受到任何尘世的污染，所以人们大都赋予"冰雪"以积极的意义，常常象征清明无瑕、纯净不染的人格寓意。如成语"冰心玉壶"中的"冰心"比喻心的纯洁，这个成语用来比喻人高尚纯洁的品德。"冰清玉洁"意思是像冰那样清澈透明，像玉那样洁白无瑕。这个成语用来比喻人清白的品行。成语"冰肌玉骨"用来比喻女子肌肤光润莹洁。

 延伸拓展

冬 至

"冬至"又名"一阳生"，是中国农历中一个重要的节气，也是中华民族的一个传统节日，冬至俗称"数九""冬节""长至节""亚岁"等，早在二千五百多年前的春秋时代，周公就通过观测太阳测定出了冬至，它是二十四节气中最早制订出的一个，时间在每年的公历 12 月 21—23 日。

冬至这天，太阳运行至黄经 270°（冬至点），太阳直射地面的位置到达一年的最南端，太阳几乎直射南回归线（又称为冬至线），阳光对北半球最为倾斜。因此，冬至日是北半球各地一年中白昼最短的一天，并且越往北白昼越短。从这一天起，白天就越来越长，夜晚就越来越短。古人认为自冬至开始，天地阳气开始兴作渐强，代表下一个循环开始，冬至是大吉之日。

据记载，周秦时代以冬十一月为正月，以冬至为岁首过新年。《汉书》有云："冬至阳气起，君道长，故贺……"人们开始过冬至节是为了庆祝新的一年的到来。

先秦至汉，冬至都被认为是一年的初始之日，是一年中最重要的节日。

融通运用

1. 背诵补充的诗句、名言。

2. 描红：冬、北、雪、寒。

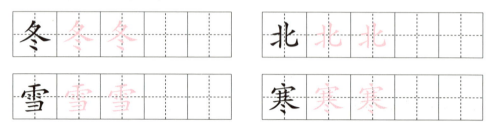

3. 你心目中的冬天是什么样子？请讲给爸爸妈妈听。

_____

_____

4. 快乐阅读。

风和风筝

　　风托着风筝在天上飘，孩子们看见了，高兴地喊："看，这风景多美呀！飞得多高哇！"

　　风筝神气地对风说："怎么样？你那么卖力，谁也不表扬你。我呢，一点儿力气不花，可大家都夸我。"

　　风听了这话，悄悄地走了。风筝马上摔下来，再也飞不起来了。

(1) 这篇短文有（　　）个自然段。

(2) 从短文中找出与下列词语意思相近的词语，并写下来。

　　快乐——（　　　　）　　　赞扬——（　　　　）

(3) 风筝马上摔下来，是因为（　　）。

　　A. 没有了风的帮助　　　　B. 风走了，它伤心了

(4) 你想对风筝说些什么？

_____

_____

参考答案

第一章　牛、马——生肖（一）

4. 快乐阅读。

（1）3。

（2）4，小花狗，老牛，小花猫，老山羊。

（3）这本书不是你的，也不是我的，而是他的。

（4）老山羊说得对，因为老山羊为小花狗量了尺寸。

解析：

（2）文中提到了四种小动物，第一段中出现了小花狗、老牛，第二段中出现了小花猫，第三段中出现了老山羊。

（4）老牛和小花猫只是口头说需要多少布，而老山羊用实际行动证明小花狗到底需要多少布。

第二章　猪、羊——生肖（二）

3. 快乐阅读。

（1）高，矮。

（2）老牛。

（3）只看到自己的长处，看不到自己的短处，这是不对的。

第三章　鸡、狗——生肖（三）

4. 快乐阅读。

（1）黑白交织的——毛，美丽的——图案，透明的——玻璃窗。

（2）毛，尾巴，眼睛，嘴，脸蛋，翅膀。

（3）小鹿长着一身黄白交织的毛，穿上了一件花裙子。

（4）"母鸡"推的小车也很漂亮。

第四章　虎——生肖（四）

4. 找出下列句子中意思相反的词，写下来。

（1）上，下。

（2）左，右。

（3）仔细，粗心。

（4）喜欢，讨厌；温暖，寒冷；春天，冬天。

第五章　龙——生肖（五）

4. 快乐阅读。

（1）平凡，破坏，伤心。

（2）音乐，爱心，破坏。

（3）这下，风把孩子们的帽子吹跑了，把气球吹爆了。

（4）它应该做一些能给人们带来好处的事情。

解析：

（2）第2、3自然段写了孩子们说风是音乐家、爱心家和破坏家。

（3）要联系上下文来做这道题，从第3段中可以得出答案。

（4）风做对人们有益的事时，就是音乐家、爱心家；风做不利于人们的事时，就成了破坏家。所以风应该做有益于人们的事。

第六章　鼠、兔——生肖（六）

4. 快乐阅读。

（1）hú，颗。

（2）这葡萄是酸的，不能吃！

（3）动物园里的小猴子一会儿爬上，一会儿蹿下，可调皮了。

第七章　猴、蛇——生肖（七）

3. 快乐阅读。

（1）删掉"xiè""de""zhōng"。

（2）冻僵了的蛇。

（3）被蛇咬了之后，中毒死的。

（4）不可忘恩负义。

第八章　寒食禁火，元夕放灯——传统节日（一）

4．快乐阅读。

（1）纤夫们，风娃娃。

（2）他们弯着腰，流着汗，喊着号子，船却走得很慢。

（3）风娃娃帮助纤夫们拉船。

解析：

（1）第一句话写风娃娃看到许多纤夫正拉着一艘船。"他们"出现在第二句话，"弯着腰，流着汗，喊着号子"写的是纤夫们拉船时的样子，所以"他们"指纤夫们。"他"出现在第三句话，"对着船帆吹起来"指的是风娃娃帮助纤夫拉船。

（2）第二句是描写纤夫拉船的语句，"弯着腰，流着汗，喊着号子，船却走得很慢"体现了纤夫们拉船很费力，很辛苦。

第九章　端午蒲觞，重阳菊酒——传统节日（二）

4．仿照例子，写一写。

帮我穿衣服，能自己动手穿。

帮我整理房间，能自己动手做。

帮我背书包，爷爷，喜欢自己背着书包回家。

第十章　七夕穿针，中秋赏桂——传统节日（三）

4．补充词语，再选词填空。

东、西；大、圆；天、地；聪、明；目、口；闻、风。

（1）耳聪目明；

（2）顶天立地；

（3）闻风丧胆。

第十一章　冬至书云，除夜守岁——传统节日（四）

3. 口语交际：请在横线上填上恰当的语句。

　"别在这里放鞭炮。""这里离草堆太近了，容易发生火灾。"

第十二章　春雨惊春清谷天——节气（一）

4. 猜一猜，答一答。

（1）画。

（2）山；水。

（3）远、近；有、无；去、来。

第十三章　夏满芒夏暑相连——节气（二）

4. 快乐阅读。

（1）小白兔，荷花，白雪公主，白浪花。

（2）美丽，难看。

（3）"一对长耳朵，一条短尾巴，一个胖肚子，一个圆脑瓜。"

解析：

（2）"漂亮"有"好看、美观"的意思，它的近义词可以是"好看、美丽"，它的反义词是"难看"。

（3）短文的第二段写了"小白兔"的样子。

第十四章　秋处露秋寒霜降——节气（三）

3. 快乐阅读。

（1）liáng，luò。

（2）小虫——当作屋子，蚂蚁——当作船，小鱼——当作伞，燕子——当作电报。

（3）落在房子上，小虫爬上去，睡在上面，床。

解析：

仿写句子时，要仔细观察例句的特点，要求做到与例句的结构一致，意思清楚，内容合理。

第十五章　冬雪雪冬小大寒——节气（四）

4. 快乐阅读。

（1）3。

（2）高兴，表扬。

（3）A。

（4）我想对风筝说："你太骄傲了，你之所以能飞起来，是因为风在帮助你，你们要团结合作呀！"